D1869764

SCHIBRI
VERLAG

Wissenschaftliche Texte kreativ Lesen

Kreative Methoden für das Lernen an Hochschulen und Universitäten

Prof. Dr. Lutz von Werder

Schibri-Verlag Berlin • Milow

Die Deutsche Bibliothek - CIP-Einheitsaufnahme

Werder, Lutz von:
Wissenschaftliche Texte kreativ lesen : kreative Methoden für das Lernen an Hochschulen und Universitäten / Lutz von Werder. - Berlin ; Milow : Schibri-Verl., 1994
ISBN 3-928878-18-2

Wir danken besonders den Autoren und Verlagen, die gesondert im Quellenverzeichnis aufgeführt sind, für Ihre freundliche Unterstützung bei der Bereitstellung aktueller wissenschaftlicher Texte.

Bestellungen über
den Fachbuchhandel
oder direkt beim Verlag

© 1994 by Schibri-Verlag
Dorfstraße 60
17337 Milow
Tel.: 039753/22757

Das Werk und seine Teile sind urheberrechtlich geschützt. Jede Verwertung in anderen als den gesetzlich zugelassenen Fällen bedarf der vorherigen schriftlichen Einwilligung des Verlags.

Umschlaggestaltung: Prof. Otto Kummert, Relzow
Druck: Wiener Verlag

ISBN 3-928878-18-2

Inhaltsverzeichnis

Vorwort: Die deutsche Universitätskrise als Lesekrise

Die Leistungsfähigkeit der deutschen Universitäten wird heute stark in Frage gestellt. Besonders von Seiten der Ökonomie wird die Universitätskrise als Organisations- und Verwertungsdefizit großer Investitionen identifiziert. Die deutschen Universitäten brauchen aus ökonomischer Sicht Wettbewerb, Leistungsmessung, Privatisierung einzelner Bereiche, Finanzmittelmanagement, Personalplanung und Organisationsentwicklung. Die Hochschuldidaktiker setzen auf Kurzstudien, Entschlackung der Studiengänge, Verschärfung von Prüfungen und eine Aufteilung des Studiums in ein Breiten- und in ein Elitestudium. Diese und andere Therapien für das ineffektiver werdende akademische Studium bleiben an äußeren Verfallaspekten der Universität haften.

Im Kern ist die Universitätskrise eine Krise der Produktion und Vermittlung von Wissenschaft. Wenn wissenschaftliches Lesen produziert und weitergegeben wird, dann enthüllt sich die heutige Universitätskrise als Krise der Qualifikation der Studenten für das wissenschaftliche Lesen und Schreiben. Die Defizite der universitären Ausbildung im wissenschaftlichen Schreiben werden heute zunehmend erkannt (vgl. Probleme beim Schreiben. In: Spiegel 1994, H. 9, S. 51). Die Krise des wissenschaftlichen Lesens ist dagegen noch nicht begriffen. Die deutsche Leseforschung und die Stiftung Lesen untersuchen zwar die Lesequalifikation deutscher Schülerinnen und Schüler, die Lesequalifikation und Lesekrisen deutscher Studentinnen und Studenten bleiben aber im dunkeln (vgl. Lehmann, R.H., u.a.: Leseverständnis und Lesegewohnheiten deutscher Schüler und Schülerinnen. Weinheim 1993, Stiftung Lesen (Hrsg.): Lesen im internationalen Vergleich. Weinheim 1993) Es gibt deshalb an deutschen Universitäten, deren Effektivität heute so breit gesteigert werden soll, kein wissenschaftliches Lesetraining, keine Leseförderung und keine Leseberatung. Die Analyse von Lesebiographien großer Wissenschaftler, wie die Geschichte des wissenschaftlichen Lesens sind kein Thema. Mit der Ausblendung des wissenschaftlichen Lesens steht die deutsche Universität in der internationalen Konkurrenz der Wissenschaftsnationen schlecht da. In den USA entwickelt die „International Reading Association“ an den amerikanischen Universitäten ein umfaßendes Programm zur Förderung des wissenschaftlichen Lesens amerikanischer Studenten. In den USA weiß man seit langem, daß die Entwicklung und Anwendung von Wissenschaft zentral abhängt von der Qualifikation zum wissenschaftlichen Lesen durch den wissenschaftlichen Nachwuchs.

Wo das wissenschaftliche Lesen in der Kommunikationsgesellschaft nicht entwickelt und gefördert wird, droht die Stagnation ganzer Wirtschaftszweige und für das Land ein erheblicher Nachteil in der nationalen Wissenschaftskonkurrenz.

Das vorliegende Buch will deshalb Studenten und Hochschullehrer in die wichtige Fähigkeit einführen „Wissenschaftliche Texte kreativ zu lesen“.

Berlin 1994 Prof. Dr. Lutz von Werder

„Jeder Lesestoff erfordert schon von seinem Inhalt her eine besondere Arbeitsweise“
(Student 10. Sememster)

1. Bruchstücke einer Geschichte des wissenschaftlichen Lesens

Die Geschichte des wissenschaftlichen Lesens ist noch nicht geschrieben. Sie ist ein wichtiger Abschnitt im Prozeß der Wissenschaft als Schreibprozeß. Jeder Wissenschaftler ist durch Lesen mit den Schriften seiner Zunft verbunden und steht immer als Zwerg auf den Schultern der Riesen, die sein Fach begründet haben: meist den Griechen.

Leseerlebnisse

Wir werfen hier nur einige Schlaglichter auf besonders interessante Leseerlebnisse von Wissenschaftlern aus dem Umfeld der Philosophie. Schon diese Schlaglichter zeigen, daß der Leseprozeß eine kreative Dimension besitzt, eine eigene Forschungs- und Lernmethode ist und oft neue Einsichten eröffnen kann. (Vgl. O. A. BÖHMER: Sternstunden der Philosophie. München 1994, H. BLUMENBERG: Höhlenausgänge. Frankfurt 1989)

Lesen als Schreibanregung

Die Schlaglichter zeigen auch, daß es viele Arten zu lesen gibt und viele Sorten Texte, deren Lesen das wissenschaftliche Schreiben anregen kann. Die Wissenschaftler haben, um Anregungen zum Schreiben zu finden, in der Bibel, in Zeitungen, in den antiken Klassikern, in philosophischen und literarischen Werken von Zeitgenossen, im Buch des Lebens und der Natur, in vorsokratischen Texten und in den Schriften von Immanuel Kant usw. gelesen. Lesen ist kein bloßer kognitiver Akt. Lesen kann erschüttern, umwerfen, erheben, erleuchten. Dieser komplexe Akt legt Zeugnis ab von der „Lesbarkeit der Welt“ und den Erschütterungen, die das Lesen der Welttexte begleiten. (Vgl. BLUMENBERG: Die Lesbarkeit der Welt. Frankfurt 1986)

Sehen wir uns die Revue einiger besonders interessanter Leseerlebnisse an.

Augustinus liest die Briefe des Apostel Paulus und findet zum Glauben:

Lesen als Identitätsfindung

„Ich .... las stillschweigend den ersten Abschnitt, der mir in die Augen fiel... Kaum hatte ich den ersten Satz beendet, durchströmte mich das Licht der Gewissheit und alle Schatten des Zweifels waren verschwunden.“ (AUGUSTINUS: Bekenntnisse Frankfurt 1961, S. 148 f)

Augustinus fand im Lesen Gewissheit. Er gewann damit die Grundlage für seine Arbeit als christlicher Schriftsteller.

Rousseau liest die Zeitung „Mercur de France“ und entdeckt den Zugang zum kreativen Unbewußten.

Lesen als Tür zum Unbewußten

„Da fiel mir... die Frage der Akademie zu Dijon in die Hände, ob der Fortschritt der Wissenschaft und Künste zur Erläuterung der Sitten beigetragen hat? Wenn jemals etwas einer plötzlichen Inspiration glich, so war es die Bewegung, die dadurch in mir entstand. Mit einem Schlag fühlte ich meinen Geist durch tausend Lichter geblendet, zahllose lebensvolle Ideen strömten auf mich ein, mit einer Kraft und Fülle, die mich in unaussprechliche Verwirrung brachte... Mein Kopf ist berauscht, als sei ich trunken. Heftiges Herzklopfen droht mich zu ersticken. Ich kann nicht mehr atmen und werfe mich unter einen der Bäume an der Landstraße... Das wenige, was ich von der Fülle der großen Wahrheiten festhalten konnte, die mich in jener Viertelstunde unter dem Baum erleuchteten, finden sich in abgeschwächter Form, zerstreut in meinen Hauptschriften. Auf diese Art bin ich, ohne daran zu denken, fast wider meinen Willen zum Schriftsteller geworden.“
(J.J. ROUSSEAU: Bekenntnisse. Frankfurt 1982, S. 320)

Rousseau erlebt bei seinem Lesen eine Ideenflut, die ihn für seine gesamte Zeit als Schriftsteller mit Schreibstoff versorgt hat. Die Flut war so überwältigend, daß er sie noch nicht einmal in mehr als sechs Werken annähernd genau darstellen konnte.

Machiavelli liest die Großen des Altertums und erlebt seine Initiation in die politische Wissenschaft.

Vier Stunden an jedem Abend seines Exils las Machiavelli die Klassiker:

Lesen als Erfahrung der Unsterblichkeit

„Vier Stunden werde ich dessen nicht müde, vergesse allen Kummer, fürchte die Armut nicht mehr und fürchte mich nicht vor dem Tod, so ganz fühle ich mich unter sie versetzt... Schließlich habe ich die Essenz von dem, was ich durch die Gespräche mit ihnen gelernt habe, niedergeschrieben." (N. MACHIAVELLI: zit.n. O.O.A. BÖHMER, a.a.O., S. 22)

Machiavelli infiziert sich beim Lesen mit den großen Denkern der Antike. Das Teilhaben an ihren Ideen gab ihm das Gefühl der Unsterblichkeit und verlieh ihm die Kraft zum politischen Autor.

Lesen als Selbsterforschung der Vernunft

Immanuel Kant liest Leonhard Eulers „Briefe an eine deutsche Prinzessin" und stößt dabei auf das Wesen der Vernunft. Kant eignete sich Eulers Gedanken von der Dialektik von Leib und Seele an. Kant wurde nun nach langem Suchen klar, daß man die Gegensätze von Leib und Seele als anschaulich aber nicht denkbar, bzw. denkbar aber nicht anschaulich fassen konnte. Er entdeckte durch diese Lektüre die Antinomien und die Grenzen der Vernunft, deren Untersuchung er dann in seinem Hauptwerk „Kritik der reinen Vernunft" vollendete. (A. GULYGA: Immanuel Kant. Frankfurt 1981, S. 98)

Kant erkennt im Lesen die Antinomien der Vernunft und kann damit ein wichtiges Kapitel seines Hauptwerkes „Kritik der reinen Vernunft" schreiben.

Johann Gottlieb Fichte liest Kant und erlebt sich als glücklichster Mensch der Welt.

Lesen als Glück

„Ich lebe in einer neuen Welt, seit dem ich die „Kritik der praktischen Vernunft" von Kant gelesen habe. Sätze, von denen ich glaubte, sie seien unumstößlich, sind mir umgestoßen. Dinge, von denen ich glaubte, sie könnten mir nie bewiesen werden... sind mir bewiesen... Das waren die glücklichsten Tage, die ich verlebt habe. Von einem Tag zum anderen, verlegen um Brot, war ich dennoch damals vielleicht einer der glücklichsten Menschen auf dem weiten Rund der Erde." (J. G. FICHTE: Briefwechsel. Frankfurt 1968, S. 248)

Fichte wird durch das Lesen von Kant zum fruchtbarsten Autor des deutschen Idealismus. Er eignete sich nicht nur

Kant's Grundgedanken, sondern auch Kant's Schreibstil durch sein intensives Lesen der Schriften Kant's an.

Georg Wilhelm Friedrich Hegel liest in der Bibliothek des Landgutes Tschugg und findet von den Erscheinungen zum Wesen des Geistes.

Lesen als Erfahrung der Ganzheit

In der vorzüglich ausgestatteten Bibliothek begann Hegel intensiv zu lesen. Er konnte eigene Gedanken auf den Weg bringen, die „zuerst in das Chaos der Erscheinung hinabtauchten ehe sie zur Klarheit und Detaillierung des Ganzen" kommen konnten. (J. HOFFMEISTER (Hrsg.): Briefe von und an Hegel. Hamburg 1969, S. 249)

Hegel entdeckte bei seinem enzyklopädischem Lesen die dialektische Methode der Darstellung der Genesis des Geistes in der Weltgeschichte. Der Geist schien ihm von These zu Antithese und schließlich zur Synthese fortzuschreiten.

Arthur Schopenhauer liest im Buch des Lebens und findet sein Thema: Die Grundlagen des Pessimismus

Lesen als Anschauung der Dinge

„In meinem 17. Lebensjahr, ohne alle gelehrte Schulbildung, wurde ich vom Jammer des Lebens so ergriffen, wie Buddha in seiner Jugend als er Krankheit, Alter, Schmerz und Tod erblickte. Die Wahrheit, welche laut und deutlich aus der Welt sprach... war, daß diese Welt kein Werk eines allgütigen Wesens sein könnte... Mich haben nicht die Bücher, sondern die Welt hat mich befruchtet." (E. SAFRANSKI: Schopenhauer und die wilden Jahre der Philosophie. Reinbek 1990, S. 67)

Später hat er seine Erfahrungen des Lesens der Realität in folgenden Worten zusammengefaßt:

„Denn gerade in den Jahren der erwachenden Mannbarkeit... wurde mein Geist, nicht, wie gewöhnlich geschieht, mit leeren Worten und Berichten von Dingen... angefüllt und auf diese Weise die ursprüngliche Schärfe des Verstandes abgestumpft und ermüdet; sondern statt dessen durch die Anschauung der Dinge genährt und wahrhaft unterrichtet... Besonders erfreue ich mich dessen, daß mich dieser Bildungsgang frühzeitig daran gewöhnt hat, mich nicht mit dem bloßen Namen von Dingen zufriedenzugeben, sondern die Betrachtung und Untersuchung der Dinge selbst und ihre, aus der Anschauung erwachsene Erkenntnis, dem Wortschwalle entschieden vor-

zuziehen, weshalb ich später nie Gefahr lief, Worte für Dinge zu nehmen." (E. SAFRANSKI: Schopenhauer und die wilden Jahre der Philosophie. Reinbeck 1990, S. 67 f.)

Schopenhauer findet auf seiner Jugendreise durch Europa Erkenntnisse, die er in keinem Buch lesen konnte. Er entwickelte eine Lesemethode der Realität, mit der sich das Leiden als Grundpotenz des Lebens enthüllte.

Sören Kierkegaard liest den Philosophen Schelling und entwickelt eine existentialistische Kritik philosophischer Systeme.

Lesen als Kritik

„Es geht den meisten Systematikern in ihrem Verhältnis zu den Systemen wie einem Mann, der ein ungeheures Schloß baut und selbst daneben in einer Scheune wohnt. Sie leben nicht selber in dem ungeheuren systematischen Gebäude. Aber in geistigen Verhältnissen ist und bleibt das ein entscheidender Einwand. Geistig verstanden, müssen die Gedanken eines Mannes das Gebäude sein, in denen er wohnt - sonst ist es verkehrt." (S. KIERKEGAARD: zit. nach P. P. ROHDE: Sören Kierkegaard. Hamburg 1959, S. 110)

Kierkegaard entdeckt beim Lesen der großen Systeme des deutschen Idealismus, daß bei ihnen das Subjekt in seiner existentiellen Bedrohung, in seiner Angst und in seiner Krankheit zum Tode, nicht vorkommt. Er entdeckt die Lücken, in den philosophischen Systemen, die er mit seinen Schriften auszufüllen versucht. Die existentielle Kritik an den großen philosophischen Systemen findet dann in seinem Buch „Abschließende unwissenschaftliche Nachschrift zu philosophischen Bissen" seinen Ausdruck.

Friedrich Nietzsche liest im Buch der Natur des Hochgebirges bei Sils Maria und erlebt eine vorsokratische Vision.

Lesen als Regression

„Ich ging an jenem Tage am See von Silvaplana durch die Wälder; bei einem mächtigen pyramidal aufgetürmten Block unweit Surlei machte ich Halt. Da kam mir der Gedanke der ewigen Wiederkunft des Gleichen.... Der Begriff Offenbarung in dem Sinn, daß plötzlich, mit unsäglicher Sicherheit und Feinheit, etwas sichtbar, hörbar wird, etwas, das einem im Tiefsten erschüttert und umwirft, beschreibt einfach den Tatbestand. Man hört, man sucht nicht; man nimmt, man fragt

nicht, wer da gibt; wie ein Blitz leuchtet ein Gedanke auf, mit Notwendigkeit, in der Form ohne zögern - ich habe nie eine Wahl gehabt.“ (F. NIETZSCHE: Werke in 3 Bänden. München 1960, Bd. 2, S.1128 und 1131)

Nietzsche regrediert beim Lesen der Natur auf vorsokratische Paradigmen, denn der Gedanke der ewigen Wiederkunft des Gleichen findet sich schon bei Pythagoras. Nietzsche fördert mit seiner Lesemethode, die darin besteht, sich auf langen Wanderungen in die Gestalten und Formen der alpinen Hochnatur zu versenken, archaische Denkweisen, die er in seinem Hauptwerk „Zarathustra“ dann ausgestaltet.

Lesen als Kampf um Sinn

Karl Jaspers liest Martin Heidegger. Er kämpft lange mit Lesestörungen und findet schließlich einen Zugang zu den politischen Aspekten des Denkens seines existentialistischen Freundes.

1955: *„Ich habe „Sein und Zeit“ (von Martin Heidegger) nicht lesen mögen, weil es mich nicht ansprach, - und habe es bisher nur zu sehr geringen Teilen gelesen.“*
1959: *„Ich müßte alle Ihre Sachen lesen von denen ich immer nur bruchstückweise Kenntnis nahm, und sie alsbald fortlegte, weil sie mich nicht nährten.“*
1960: *„Ich habe auf Heideggers Schriften innerlich nicht reagiert. Schon seine Kritik meiner „Psychologie der Weltanschauung“ habe ich niemals zu Ende gelesen. Sie interessierte mich nicht. Sie war langweilig für mich. So war es wieder beim Erscheinen von „Sein und Zeit“. Nur wenig las ich. Es sprach mich nicht an.“*
1962: *„Wir begegnen uns in scheinbare Nähe unter radikalem Abstoßen. Das wurde mir erst langsam klar, hatte sein Symptom darin, daß ich Heideggers Schriften mit Unlust oder gar nicht las, bis sie mir nach den Erfahrungen der Lebenspraxis im Rückblick nun von großem Interesse erscheinen. Aus einem ganz anderen Gesichtspunkt, unter dem ich nun beobachtend, nicht teilnehmend lese.“* (K. JASPERS: Notizen zu Martin Heidegger. (Hrsg.) H. SANER. München 1989, S. 146, S. 173, S. 229, S. 233)

Jaspers dokumentiert die Barrieren eines Lesens ohne intrinsische Motivation. Heidegger kann er erst lesen, als kritischer Beobachter und Zeitzeuge, als ihn das öffentliche Interesse an Heideggers politischen Engagement dazu zwingt.

Ludwig Wittgenstein liest L. N. Tolstoj und findet eine Form für sein philosophisches Denken.
Im Juni 1916 brachte Wittgenstein, nach der Lektüre von Tolstojs „Kurze Darlegung des Evangeliums“ Gedanken zu Papier, die so etwas wie ein philosophisches Glaubensbekenntnis darstellen.

Lesen als Modellsuche

„Ich kann“, schreibt Wittgenstein *„die Geschehnisse der Welt nicht nach meinem Willen lenken, sondern bin vollkommen machtlos. Nur so kann ich mich unabhängig von der Welt machen - und sie also doch im gewissen Sinn beherrschen - indem ich auf einen Einfluß auf die Geschehnisse verzichte.“* (L. Wittgenstein zit. nach O. A. Böhmer a.a.O., S. 154)

Wittenstein erliest sich das Modell einer Textsorte, die seinen eigenen Gedanken eine Struktur und einen Sinn verleihen.

„Modelling“

Martin Heidegger liest die griechischen Vorsokratiker Parmenides und Heraklit. Er entdeckt dabei, daß die Philosophie hier an ihrem griechischen Anfang, lange vor ihrem Scheitern in der Geschichte der abendländischen Metaphysik, noch nicht das Sein verfehlt hat. Heidegger überwand so durch sein Lesen die lange Epoche der „Seinsvergessenheit“.

Lesen als Vernehmen des Ursprungs

„Wenn wir jetzt und später auf Worte der griechischen Sprache hören, dann begeben wir uns in einen ausgezeichneten Bereich. Langsam dämmert nämlich für unsere Besinnung, daß die griechische Sprache keine bloße Sprache ist, wie die uns bekannten europäischen. Die griechische Sprache, und sie allein, ist Logos... Daß das Seiende im Sein versammelt bleibt, daß im Scheinen vom Sein das Seiende erscheint, dies setzte die Griechen, und sie zuerst und sie allein in das Erstaunen.“ (M. Heidegger zit. n. O. A. Böhmer, a.a.O., S. 166, 168)

Heidegger entdeckt lesend die archaische Sprache des Seins. In der griechischen Sprache findet sein Lesen das frühe Haus des Seins, das alle spätere Metaphysik verfehlt.

Karl R. Popper liest Immanuel Kant und findet zu seiner skeptischen Wissenschaftstheorie:

Lesen als Basis von Theoriebildung

„Es war das eine Zeit, in der ich wieder und wieder Kant's erste Kritik las. Ich kam bald zu dem Schluß, daß der Mittelpunkt seiner Lehre ist, daß die wissenschaftlichen Theorien

von uns selbst erfunden werden. Und daß wir sie der Welt aufzuzwingen versuchen. Der Verstand schöpft seine Gesetze nicht aus der Natur, sondern er schreibt sie dieser vor. Aus der Verknüpfung dieser Bemerkung mit meinen eigenen Ideen kam ich etwa zu folgendem Ergebnis: Unsere Theorien, die mit primitiven Mythen anfangen und sich zu den Theorien der Wissenschaft weiterentwickeln, sind in der Tat Menschenwerk, wie schon Kant sagt. Wir versuchen, sie der Welt vorzuschreiben... Aber, wenn wir auch zunächst an unseren Theorien festhalten müssen - ohne Theorien können wir nicht einmal beginnen, denn wir haben sonst nichts, an das wir uns halten könnten - so können wir doch im Laufe der Zeit ihnen gegenüber eine kritischere Haltung einnehmen. Wir können versuchen, sie durch etwas besseres zu ersetzen, wenn wir mit ihrer Hilfe die Stelle gefunden haben, an der sie uns im Stich gelassen haben. So kann es zu einer wissenschaftlichen oder kritischen Phase des Denkens kommen, der notwendig eine unkritische oder dogmatische Phase vorausgeht ... Ich ersetzte ... Kants's Lehre von der Unmöglichkeit die Dinge ansich zu erkennen, durch die Lehre von dem für immer hypothetischen Charakter unserer Theorien.“ (K. R. POPPER: Ausgangspunkte. Meine intellektuelle Entwicklung. Hamburg 1979, S. 68)

Popper findet bei Kant Begriffe und Hypothesen, mit denen er seine eigene Wissenschaftstheorie entwickeln kann.

Diese Bruchstücke einer Geschichte des wissenschaftlichen Lesens zeigen die inspirative und kreative Potenz des wissenschaftlichen Lesen als Methode. Die Geschichte des wissenschaftlichen Lesens zeigt Texte, deren Lesen über die Zeiten hinweg immer neue Gedankenfunken entfacht und die Wissenschaft immer wieder zu neuen Versuchen, die Welt zu verstehen und das Leben zu erhalten, motiviert haben.

Resultate

Eine anstehende Erforschung der Geschichte des wissenschaftlichen Lesens könnte zu folgenden Kenntnissen führen:

- Wissenschaftliches Lesen produziert die Identität des wissenschaftlichen Schreibers.
- Wissenschaftliches Lesen öffnet die Ideenflut aus dem Unbewußten.
- Wissenschaftliches Lesen verbindet den Leser mit dem geistigen Gespräch der wissenschaftlichen Riesen über die Zeiten hinweg.

- Wissenschaftliches Lesen trägt zur Selbsterkenntnis der Vernunft bei und gibt die Ideen für eigene Texte an die Hand.
- Wissenschaftliches Lesen zeigt dem Leser die Denkmethoden in Aktion, die das eigene Schreiben im wissenschaftlichen Ausdruck stimulieren.
- Wissenschaftliches Lesen öffnet den Blick ins Leben und in die Bücher gleichermaßen.
- Wissenschaftliches Lesen deckt Lücken im Denken auf und gibt Hilfen für ihre Schließung.
- Wissenschaftliches Lesen konfrontiert mit archaischen Denkweisen und überspringt mögliche Fehlentwicklungen des Denkens in seiner Geschichte.
- Wissenschaftliches Lesen treibt den Wissenschaftler in Lesebarrieren und Lesewiderstände, hinter denen sich neue Wahrheiten verbergen können.
- Wissenschaftliches Lesen beschenkt den Leser mit Textmodellen, in denen seine Erkenntnisse Struktur gewinnen.
- Wissenschaftliches Lesen enthüllt die Sprache des Absoluten vom Anfang her.
- Wissenschaftliches Lesen schenkt Hypothesen für eigene Texte. Es schult den Schreibstil und konfrontiert mit rhetorischen Mustern, die die Überzeugung jedes Textes steigern können.
- Wissenschaftliches Lesen ist eine der großen Quellen der wissenschaftlichen Wahrheit.
- Wissenschaftliches Lesen vermittelt den Stil wissenschaftlichen Schreibens.
- Wissenschaftliches Lesen ist untrennbar mit wissenschaftlichem Schreiben verbunden.

Defizite schulischer Lesequalifikation

Die Bruchstücke einer Geschichte des wissenschaftlichen Lesens verraten aber noch nichts über die Lesetechniken, die sich in der Geschichte der alphabetisierten Welt entwickelt haben. Diese Techniken, die in der Schule nicht gelehrt werden, machen aber erst die kreativen Potenzen des wissenschaftlichen Lesens auch für Studenten und angehende Wissenschaftler verfügbar. „Wenn einmal die elementare Technik des Lesen gemeistert ist", charakterisiert Hans AEBLI die Defizite schulischer Leseerziehung, „geschieht die Leseerziehung meist nur noch im Fach Deutsch und dies in einer Weise, die sehr wenig mit den ... Formen des erwachsenen

Lesens zu tun haben, nämlich aus schöngeistigem bis ästhetischem Interesse ... Es zeigt sich also, daß der Leseunterricht an den höheren Schulen fast ausschließlich belletristisch orientiert ist ..." (H. Aebli: Zwölf Grundformen des Lehrens. Stuttgart 1983, S. 113 u. S. 116)

Die beschränkte Leseerziehung hat für Studium und Beruf weitreichende Folgen. Denn im Studium und im Beruf spielt Lesen eine wichtige Rolle: „Beruflicher Erfolg und berufliches Fortkommen erfordern die Fähigkeit, mit Texten umzugehen. Wer es kann, kommt mit; wer darin versagt, bleibt sitzen oder geht unter; nicht nur individuell sondern auch kollektiv, zusammen mit ganzen Wirtschaftszweigen, die im internationalen Wettbewerb abfallen." (H. Aebli, a.a.O., S. 114f.)

Der Darstellung und Einübung der Forschungs- und Lernmethode des wissenschaftlichen und kreativen Lesens sollen deshalb die folgenden Kapitel dienen.

„Das Lesen jedes guten Buches ist gleichsam einer Unterhaltung mit den bedeutendsten Männern und Frauen vergangener Zeiten."
(R. Descartes)

2. Das wissenschaftliche Lesen und seine Krisen

Wissenschaftliches Lesen, das einen wichtigen Teil der Arbeit von Studenten, Professoren und Wissenschaftlern umfaßt, ist ein sehr komplizierter Prozeß. Wenn man diesen Prozeß kognitiv betrachtet, treten fünf intellektuelle Basisaspekte auf:

Basisaspekte

„Kognition:
Erkennen und Wiedererkennen von Informationen

Gedächtnis: Behalten von Informationen

Divergierendes Denken:
logische und kreative Ideen entwickeln

Konvergierendes Denken:
Schlußfolgerungen und induktives Denken entfalten

Bewertung:
Kritisches Denken" (CLELAND, D.L.: A Construct of Comprehension. In: DOWSON, M.A. (Hrsg.): Developing Comprehension Including Critical Reading. Newark 1968, S. 16f)

Zur Bewältigung dieser Basisprozesse des wissenschaftlichen Lesens werden seit 1919 folgende acht Fähigkeiten des Textverstehens genannt:

Fähigkeiten des Textverstehens

1. Mit dem Ziel einer zusammenhängenden Reproduktion lesen.
2. Den zentralen Gedanken oder die wichtigste Idee eines Textabschnittes feststellen.
3. Eine Anzahl zusammenhängender Gesichtspunkte und die dazugehörigen Details auswählen.

4. Informationen feststellen, die zur Lösung eines Problems bzw. zur Beantwortung von Fragen nützlich sind.
5. Ein klares Bild der zentralen Aspekte eines Problems erreichen.
6. Neue Probleme im Rahmen eines gegebenen Teilbereichs entdecken.
7. Den Argumentationsweg herausfinden, der den Standpunkt des Autors rechtfertigt.
8. Die Gültigkeit von Aussagen beurteilen.

(GRAY, W.: Principiles of Method in Teaching Reading as Derived from Scientific Investigation. In 18. Yearbook of the National Society for the Study of Education. 1919 T. 2. S. 26f)

Heute werden vier Teilfähigkeiten des wissenschaftlichen Lesens besonders betont:

1. „Kenntnis von Wortbedeutungen
2. Schlußfolgerungen innerhalb des Lesens qua Sinnverstehens
3. Nachvollzug der Textstruktur und Textgliederung
4. Identifizierung der Intention des Textes bzw. des Autors“

(GROEBEN, N.: Leserpsychologie: Textverständnis - Textverständlichkeit. Münster 1982. S. 23)

Modelle des wissenschaftlichen Leseprozesses

Ein einfaches Modell des wissenschaftlichen Leseprozesses, das alle Teilprozesse berücksichtigt, könnte folgendermaßen aussehen:

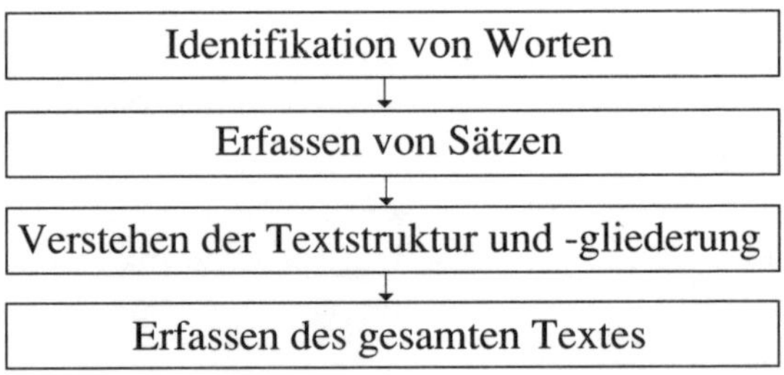

Allerdings muß der gesamte Leseprozeß im wissenschaftlichen Kontext noch erweitert werden. Das Lesen jeden wissenschaftlichen Textes steht in einem Rahmen der Motivation und Orientierung des Lesers. Jedes wissenschaftliche Lesen wird außerdem nachbereitet und schließlich in weiteren Formen wissenschaftlichen Schreibens verwertet.

Ein größeres Modell des wissenschaftlichen Lesens sieht deshalb folgendermaßen aus:

Lesevorbereitung

↓

Lesen:
Identifikation von Worten
Erfassung von Sätzen
Verstehen der Textstruktur und -gliederung
Erfassen des gesamten Textes

↓

Lesenachbereitung

↓

Leseverwertung

Lesestörungen Schreibstörungen

Da alle vier Phasen des wissenschaftlichen Lesens nicht nur kognitiv, sondern auch emotionell gesteuert werden, ist leicht einsehbar, daß das Lesen der Studenten, Professoren und Wissenschaftler an der Universität leicht Störungen unterliegt. Da das wissenschaftliche Lesen, ähnlich wie das wissenschaftliche Schreiben, an deutschen Universitäten kaum gelehrt wird (vgl. WERDER, L.v.: Kreatives Schreiben in den Wissenschaften, Berlin, Milow 1992, ders.: Lehrbuch des wissenschaftlichen Schreibens. Berlin, Milow 1993) ist es nicht verwunderlich, daß viele Studenten über das Fehlen von kognitiven Lesetechniken beklagen, sich bei emotionellen Leseproblemen allein gelassen fühlen und in der Entwicklung ihrer wissenschaftlichen Identität Schwierigkeiten haben, eine angemessene Lesekompetenz auszubilden.

Eine amerikanische Untersuchung über das Leseverhalten der Studenten ergab, daß 30 % der Studenten „noch niemals ein Buch gelesen haben. Sie hatten in Büchern geblättert, um einen Test zu bestehen oder um ein Referat zu verfassen, sie hatten sich aber noch niemals hingesetzt und ein Buch von Anfang bis Ende gelesen. Wenn man sie bat, ihre Leseprobleme zu benennen, sagten die meisten, sie könnten sich nicht gut erinnern, ihnen fehlte die Konzentrationsfähigkeit oder die Kenntnisse von Fremdwörtern." (BARTHOLOMAE, D., PETROSKY, A.R.: Facts, Artifacts and Counterfacts. Portsmouth 1986, S. 22)

In wissenschaftlichen Lese- und Schreibseminaren an Hochschulen und Universitäten hat sich gezeigt, daß deutsche Studenten unter folgenden kongnitiven und emotionellen Lesestörungen leiden. Fassen wir die Ergebnisse in Abbildung 1 zusammen.

Abb. 1: Kognitive und emotionelle Störungen im Leseprozeß

Leseprozeß	kognitive Lesestörungen	emotionelle Lesestörungen
Lesevorbereitung	Keine bewußte Lese- und Schreibpraxis. Keine Lesestrategie. Keine Kenntnisse über Textsorten.	Unruhe beim oder Angst vorm Lesen Gefühl der Orientierungs- und Sinnlosigkeit Gefühl der Überforderung
Lesedurchführung	Unkonzentriertes Lesen. Keine Kriterien zum Unterstreichen. keine Markierungszeichen. Zusammenhänge des Textes bleiben unklar.	Alles gleitet vorbei und nichts haftet. Fixierung auf einige unwichtige Stellen. Tagträume überlagern den Leseprozeß. Angst vorm Weiterlesen.
Lesenachbereitung	Falsches Paraphrasieren. Exzerpierungstechnik fehlt oder kann nicht praktiziert werden. Zitate werden unvollständig aufgenommen. Wichtige Gliederungsaspekte sind nicht erkannt. Argumentation des Textes wird nicht rekonstruiert.	Leser fällt zu einem gelesenen Text nichts ein. Leser schreibt nur seine Wut über Wissenschaft nieder. Leser ist verzweifelt - hat Angst, daß er an Texten immer scheitert
Leseverwertung	Leser kommt zu keiner Verwertung des gelesenen Textes. Es fehlen die Schreibtechniken zur Fixierung des Gelesenen. Nur wenige oder falsche Aspekte des gelesenen Textes werden übernommen.	Leser lehnt jede weitere Befassung mit dem Text ab. Leser flüchtet in Ersatzhandlungen: Essen, Telefonieren, Einkaufen, Baden, lockeres Lesen von Unterhaltungsliteratur, Fernsehen.

Es liegt also nahe, die Lesetechniken und den Umgang mit verschiedenen Fachsprachen beim Aufbau einer wissenschaftlichen Leseidentität im Folgenden vorzustellen.

„Lesen heißt, mit einem fremden Kopf statt dem eigenen denken.“
(A. Schopenhauer)

3. Die Bedeutung des Lesens für das wissenschaftliche Schreiben

Wissenschaft ist eng mit der Entstehung der Schrift verbunden. (HAVELOCK, E.A.: Als die Muse schreiben lernte. Frankfurt 1992, GOODY, J., WATT, J., GOUGH, K: Entstehung und Folgen der Schriftkultur. Frankfurt 1986)

Mit der Schrift kann nur der umgehen, der lesen und schreiben kann. Die Ausbildung einer wissenschaftlichen Kompetenz wird schon in der antiken Rhetorik vom Lesen abhängig gesehen:

Quintilians Lehre vom Lesen

„*Denn weder gefestigt noch kernig könnte jemals die Beredsamkeit sein, sollte sie nicht aus reichlicher Schreibübung ihre Kräfte schöpfen, und ohne das Vorbild der Lektüre wird jede Bemühung führerlos umherirren.*“ (QUINTILIAN: Institutio oratoria X. Stuttgart 1990. S. 13)

Quintilian führt zum Lob des Lesens weiter aus: Den Gebrauch des richtigen Wortschatzes „*können wir nur erreichen, wenn wir die besten Werke lesen ... Denn nicht allein die Namen von Dingen werden wir bei dieser Bemühung kennen lernen, sondern auch welcher Ausdruck an welcher Stelle der passenste ist.*“ (QUINTILIAN: a.a.O., S. 16f)

Quintilian kommt dann zur Bewertung der Textsorten, die für die Entwicklung der Lesekompetenz wichtig sind. „*Doch nicht alles, was zu irgendeinem Teilgebiet der Wissenschaft gehört, ist auch schon geeignet, einen guten sprachlichen Ausdruck ... hervorzurufen.*“ (QUINTILIAN: a.a.O., S. 31) Nur durch das Lesen der besten und wichtigsten Autoren kann sich eine angemessene Lesequalifikation entwickeln: „*Und daher sind lange Zeit gerade nur die besten Autoren und solche, die das in sie gesetzte Vertrauen am wenigsten enttäuschen, zu lesen.*“ (QUINTILIAN: a.a.O., S. 21) Als wichtigste Lesestrategie gibt Quintilian an: Das Lesen „*muß gewissenhaft und zwar fast mit jener peinlichen Sorgfalt, die beim Schreiben angewandt wird, geschehen und nicht mit der Flüchtigkeit eines nur oberflächlichen Durchsehens des Ganzen.*“ (QUINTILIAN: a.a.O., S. 21).

Das Lesen hat gewichtige Folgen für die Qualität des Schreibens. Quintilian stellt um 95 n.Chr. folgende positive Resultate des Lesens für das wissenschaftliche Schreiben fest:

Quintilians Resultate

„*Aus diesen und anderen Autoren, die es verdienen gelesen zu werden, sind der Wortschatz, die Verschiedenheit der Redefiguren und die Methode des Satzbaues zu entnehmen, so dann ist das Sprachgefühl nach dem Muster aller Stilqualitäten zu bilden.*“ (QUINTILIAN: a.a.O., Seite 69)

Die moderne Erforschung des Zusammenhanges von Lesen und Schreiben in den Wissenschaften hat die These Quintilians voll bestätigt (vgl. WERDER, L.v.: Lehrbuch des wissenschaftlichen Schreibens, Berlin 1993, Teil B, Kap. 3). Es hat sich nämlich gezeigt, daß in allen Phasen des Leseprozesses Lesen und Schreiben miteinander verbunden sind.

Lesevorbereitung

In der Phase der Lesevorbereitung werden folgende Leseakte bewältigt: Analyse des Themas, Sondierung/Auswahl der Lesetexte, Setzung von Lesezielen. Diese Aufgaben gehen parallel mit folgenden Schreibaktivitäten einher: Erforschen über das Schreiben des Themas, Formulierung von Fragen und Vermutungen.

Leseprozeß

Während des Lesens findet dann eine enge Verbindung von Leseprozeß, dem Anbringen von Markierungen an wichtigen Textstellen, der Notierung von Bemerkungen und Komentaren am Rand des gelesenen Textes statt.

Lesenachbereitung

Nach dem Lesen (in der Phase der Nachbereitung und Verwertung) verschmilzt Lesen und Schreiben zu einer kompletten Einheit: Das Gelesene wird schriftlich paraphrasiert, analysiert und kommentiert. Es werden Thesen formuliert und für den eigenen Text eine Gliederung entworfen. Der entworfene Text wird geschrieben. Dieser Prozeßabschnitt erscheint als Textproduktion unter der ständigen Kontrolle revedierenden und evaluierenden Lesens.

Es scheint deshalb klar, daß jeder Student, Wissenschaftler und Professor für sein Schreiben, jenseits seiner alltäglichen meist belletristischen Lesequalifikation aus der Schulzeit, über ein breites Arsenal von Lesetechniken und geeigneter Lesetexte verfügen muß.

Um sich die Gewichtigkeit des Lesens in der eigenen Identitätsentwicklung zu vergegenwärtigen, sollte der einzelne Student oder jedes Mitglied einer Lese-Schreib-Gruppe folgenden Fragebogen zur Leseautobiographie beantworten, anschließend schriftlich auswerten und die Ergebnisse in der Gruppe vortragen:

Fragebogen zur Leseautobiographie	
1. Fach des Studiums:	
2. Schulische Leseerfahrungen:	
3. Universitäre Leseerfahrungen:	
4. Zahl der gelesenen wissenschaftlichen Texte:	
5. Qualität der gelesenen wissenschaftlichen Texte:	
6. Eigene Lesetechniken: Eigene Schreibtechniken:	
7. Umfang der eigenen Fachbibliothek:	
8. Zahl der eigenen wissenschaftlichen Hilfsmittel (Wörterbuch, Bildbände, Videos, Journale, etc.):	
9. Leseprobleme im Leseprozeß: und in der Lesetheorie:	
10. Bisherige Leseinstruktionen im Studium:	
11. Ziel der eigenen Lesekarriere:	
12. Kenntnisse des kreativen Lesens in den Wissenschaften:	

„In meiner Jugend wünschte ich mir oft von Herzen, jemanden zu haben, der mein Leben leitet. Ich bin heute noch traurig, wenn ich an die Berge von Zeit denke, die ich an Bücher verschwendete, die mir nichts nützten."
(W.S. Maugham)

4. Die Techniken des kreativen Lesens

4.1. Die Ausblendung des wissenschaftlichen Lesens

Techniken des wissenschaftlichen Arbeitens

In deutschen Einführungen zu den „Techniken des wissenschaftlichen Arbeitens" wird das wissenschaftliche Lesen gar nicht oder kaum erwähnt. Sehen wir uns eine Auswahl von neueren Fachbüchern zum wissenschaftlichen Arbeiten an. Bei W. KRÄMER: Wie schreibe ich eine Seminar-, Examens- und Diplomarbeit, Stuttgart 1992, kommt wissenschaftliches Lesen überhaupt nicht vor. Der französische Bestseller von Jean-Pierre FRAGNIERE: „Wie schreibt man eine Diplomarbeit", Bern 1993 behandelt das Lesen auch nicht. Er erwähnt nur einen „Leseplan" (S. 78). A. BÄNSCH: „Wissenschaftliches Arbeiten." München 1992. empfiehlt ohne weitere Angaben „das Studium der einschlägigen Fachliteratur zum Fragenkreis." (S. 35). H.J. RÖSNER schlägt in seinem Buch „Die Seminar- und Diplomarbeit" München 1991, vor, über „einen soliden Grundstock an Literatur über die anzufertigende Arbeit zu verfügen" (S. 20). Über die Technik des Erlesens eines derartigen Grundstockes findet man bei ihm kein Wort. Auch der italienische Bestseller von U. ECO „Wie man eine wissenschaftliche Abschlußarbeit schreibt" Heidelberg 1991 sagt zum Lesen nur, daß der Student erst Sekundärliteratur und dann Primärliteratur lesen soll (S. 138). W.H. PETERSSEN ist nicht so einsilbig. Sein Buch „Wissenschaftliches Arbeiten" München 1991 weist wenigsten darauf hin, daß beim Lesen wissenschaftlicher Bücher, das Inhaltsverzeichnis, das Sachregister, die Einleitung, die Zusammenfassung unterschiedliche Lesefrüchte über den gewählten Text erbringen könnte (S. 76).

Lesestrategie bei Doktorarbeiten

Auch W.GIEBEL und M. GALIC „Die medizinische Doktorarbeit" Stuttgart 1990 gibt zum wissenschaftlichen Lesen den Tip, beim Lesen einer Doktorarbeit mit der „Zusammenfassung" zu beginnen, und dann die „Ergebnisse" und schließlich die „Diskussion" zu studieren (S. 35).

bei Monographien

M.R. THEISEN baut die Vorschläge für das Lesen der verschiedenen Elemente eines Buches aus. Der Leser soll sich über den Titel, den Verfasser, die Schriftenreihe, den Verlag, die Auflage Gedanken machen, ehe er das Geleitwort, das Vorwort, das Abkürzungsverzeichnis, den Klappentext, die Inhaltsübersicht, die Anmerkungen, das Literaturverzeichnis lesen soll. (M.R. THEISEN: Wissenschaftliches Arbeiten. München 1992, S. 74-78)

bei Aufsätzen

Bei Aufsätzen reicht für M.R. Theisen die Prüfung des Adressaten, des Autoren, des Herausgebers der Zeitschrift, der Gesamtheit der dort veröffentlichten Autoren und des Verlages (S. 78).

Wenn das wissenschaftliche Lesen in deutschen Fachbüchern als Teil wissenschaftlichen Arbeitens thematisiert wird, dann gibt es Hinweise zur Variierung der Lesegeschwindigkeit und damit die Vorstellung der Technik „des schnellen Lesens". So soll man nach K. POENICKE: „Wie verfaßt man wissenschaftliche Arbeiten", Mannheim 1988 das extensive vom intensiven Lesen unterscheiden. Das extensive schnelle Lesen dient der ersten „Textsichtung". Das intensive Lesen soll zur „gedanklichen Aufarbeitung des Textes beitragen" (S. 18) G. RÜCKRIEM, F. STARY und N. FRANCK „Die Technik wissenschaftlichen Arbeitens", Paderborn 1990 erweitern die bei POENICKE genannten Lesearten um das „vergleichende Lesen": Ein Lesen *„einzelner Kapitel verschiedener Texte, die sich mit der gleichen oder ähnlichen Problematik unter verschiedenen Gesichtspunkten beschäftigen"* (S. 134). G. JUNNE stellt in seinem Buch „Kritisches Studium der Sozialwissenschaften", Stuttgart 1993, wenigstens vier Phasen des Leseprozesses vor.

Phasen beim Leseprozeß

1. Überblick
2. flüchtige Lektüre
3. Durcharbeitung einzelner Teile
4. Nachbereitung der Lektüre (S. 21-29).

Erst im Buch von F. HÜLSHOFF und R. KALDEWY: Training. Rationeller Lernen und Arbeiten. Stuttgart 1990 wird festgestellt, daß „mit der üblichen Lesemethode des Durchlesens" nur ca. 50 % des Wissensstoffes sofort nach der Lektüre wiedergegeben werden konnten. Die Behaltensquote erhöhte sich nur unwesentlich bei einem „wiederholten Lesen" (S. 80). Sie stellen dann zwei wissenschaftliche Methoden vor, das konventionelle Lesen und das rationelle Lesen (S. 80-86), die wir in unserer Darstellung auch noch genauer kennenlernen werden.

4.2. Kreatives Lesen: Neun Techniken

Lesearten

Ein erster Überblick der Leseforschung hat 10 Lesearten ermittelt:

„das überfliegende Lesen
das informierende Lesen
das unterhaltende Lesen
das einprägende Lesen
das auswählende Lesen
das studierende Lesen
das kritische Lesen
das distanzierende Lesen
das schöpferische Lesen
das Korrekturlesen."

(BAMBERGER, R.: Leseerziehung. Wien 1973, S. 133)

Lesetechniken

Bei W. ZIELKE werden sieben Lesetechniken vorgestellt:

„konventionelles Lesen
rationelles Lesen
selektives Lesen
gleitendes Lesen
springendes Lesen
senkrechtes Lesen
multiples Lesen"

(ZIELKE, W.: Handbuch der Lern-, Denk- und Arbeitstechniken. Windlach 1991, S. 162-165)

Jeder erfahrene Wissenschaftler wird diese verschiedenen Lesearten intuitiv beherrschen und „*ist in der Lage, diese planvoll intentional je nach Fragestellung und Lesestoff einzusetzen.*" (GROEBEN, N.: Leserpsychologie: Textverständnis - Textverständlichkeit. Münster 1982, S. 109)

Der Student im Grundstudium, ohne besonderes Lesetraining, wird allerdings zumeist nur mit einer Lesetechnik arbeiten, die er sich beim Lesen von Schulliteratur erworben hat. „*Bei Romanen der Unterhaltungsliteratur, Illustrierten, Werbeprospekten ... bedarf es keiner besonderen Lesetechnik. Das Bedürfnis nach Unterhaltung ... läßt uns ohne deutliche Zielvorstellung und Willensanspannung solche Literatur kon-*

sumieren." (Hülshoff, F., Kaldewey, R.: Training. Stuttgart 1990, S. 80)

Grenzen schulischen Lesens

Die Fixierung der Studenten auf die schulische Technik des unterhaltenden Lesens hat bei wissenschaftlicher Fachliteratur allerdings oft ein mangelhaftes Verstehen und eine sehr niedrige Lesegeschwindigkeit zur Folge. Langsames Lesen allein führt dann aber auch nicht zum besseren Textverständnis, sondern nur zum längeren Hinstarren auf die Zeilen, weil die einzige bewußte Lesetechnik, die der Student aus der Schule kennt, meist keine kreative Verarbeitung der im Lesen aufgenommenen Worte anregt. Der kreative Leser dagegen verfügt über verschiedene Lesetechniken, die er je nach Textsorte und Leseinteresse variieren kann. Das bewußte Erlernen der Techniken des kreativen Lesens bedeutet eine Erhöhung der Aufmerksamkeit beim Lesen, eine Erweiterung der Behaltensquote und eine Verbesserung der Fähigkeit des wissenschaftlichen Schreibens.

Kreatives Lesen

Das kreative Lesen umfaßt die Aneignung aller wichtigen Lesetechniken und vermittelt die Fähigkeit, diese Lesetechniken je nach Fragestellung und Lesestoff angemessen einzusetzen. Die Benutzung verschiedener Lesetechniken beim gleichen Text führt zu einer vertieften Erschließung der Textpotenzen zum Zwecke des besseren wissenschaftlichen Schreibens. Die intensive Vermittlung der Techniken des kreativen Lesens und kreativen Schreibens würde die Lernqualität der Studenten an Hochschulen und Universitäten erheblich verbessern.

Die Leseforschung gibt dem kreativen Lesen verschiedene Methoden des reproduktiven und des produktiven Lesens an die Hand. Verschaffen wir uns von diesen Methodengruppen in einer Grafik einen Überblick:

Kreative Lesetechniken

Techniken des kreativen Lesens

Reproduktives Lesen	Produktives Lesen
das übersetzende Lesen (ÜL) das schnelle Lesen (SL) das traditionelle Lesen (ME) das rationelle Lesen (SQ3R)	das sokratische Lesen (SoL) das rhetorische Lesen (RL) das kritische Lesen (KriL) das kreative Lesen (KreaL) das Korrekturlesen (KorL)

Mit den ersten vier Techniken kann das kreative Lesen den Studenten qualifizieren, wie man sich gewählte wissenschaftliche Texte aneignet und in reproduktiven eigenen Texten wiedergeben kann. Die letzten fünf Methoden ermöglichen ein Lesen, das zum kreativen Schreiben neuer und weiterführender wissenschaftlicher Texte führt. Alle Methoden eröffnen verschieden gewichtete Bewältigungen der vier Phasen des Leseprozesses. Sie leiten damit unterschiedliche Leseprozesse an, die die wissenschaftlichen Texte mit ihrer unterschiedlichen Abstraktion, Alltagsunabhängigkeit, Adressatenunfreundlichkeit und Fachsprachdiskursivität besser und kreativer bewältigen lassen.

Bewußte Bewältigung des Leseprozesses

4.3. Lesetechniken für die reproduktive Textproduktion

Die folgenden Lesetechniken sollen die Erfassung der Hauptgedanken, der Fakten und Detailinformationen der Textstruktur eines gelesenen Textes verbessern helfen und dazu beitragen, Texte zu produzieren, die sich der Kritik stellen können. Wir werden diese neuen Techniken nun an konkreten Beispielen praktisch üben. Die dabei zum Zuge kommenden wissenschaftlichen Texte sind bewußt von populär-wissenschaftlicher Qualität. Sie entstammen dem Wissenschaftsressort des „Spiegels“, des „Stern“ , der „Zeit“, der TAZ und „Psychologie heute“. Die Qualität dieser Texte, ihre Kürze und ihre leichtere Verständlichkeit sollen die erste Aneignung der kreativen Lesetechniken erleichtern.

Wissenschaftliche Texte als Übungsobjekte

1. Technik: Das übersetzende Lesen (ÜL)

Wissenschaft zeichnet sich durch einen besonderen Schreibstil und eine besondere Begrifflichkeit aus. Während im Alltag die Umgangssprache einen vorwiegend kommunikativen Sprechstil pflegt, die Arbeitswelt einen fachlich-praktischen Schriftstil besitzt, die schöne Literatur den ästhetischen Stil entwickelt, besitzt Wissenschaftssprache und -schrift einen „wissenschaftlich-theoretischen Stil" (BARTH, E.: Fachsprache. In: Germanistische Linguistik. 3, 1971, S. 210 ff). Der Vorteil der wissenschaftlichen Sprache: Exaktheit, Präzision, Ökonomie, eindeutige Begriffe haben allerdings beim

Lesebarrieren:

Lesen drei Barrieren zur Folge: eine Informations-, Kommunikations- und eine Sprach- und Handlungsbarriere (FLUCK, H.R.: Fachsprachen. Tübingen 1991, S. 37-41).

Diese Barrieren schließen große Teile der Bevölkerung vom Lesen wissenschaftlicher Literatur aus. „*Leser höherer sozialer Schichten bevorzugen ... Informationsliteratur ... Unterschichtsangehörige ... bevorzugen ... auf Unterhaltung*

Schicht-spezifisch

und Spannung angelegte Lektüre ... Diese Schichtspezifität der Leseinteressen weist auch eine Stabilität über das Lebensalter hinweg auf, d.h. sie hält sich auch in der Interessenstruktur älterer Menschen durch." (GROEBEN, N., VORDERER, P.: Leserpsychologie: Lesemotivation - Lektürewirkung. Mün-

Geschlechts-spezifisch

ster 1988, S. 79). Auch geschlechtsspezifisch zeigt sich, daß Frauen sich weniger für Sachliteratur interessieren als Männer (GROEBEN, N., VORDERER, P., a.a.0. S. 68). Studenten aus nicht-bildungsbewußten Familien, Studenten mit Lesefixierungen auf Texte über Gesundheit, Kinder und Alltag, werden beim wissenschaftlichen Lesen auf noch größere Barrieren stoßen, als Studenten und Studentinnen aus bildungsbewußten Schichten. Dabei stolpert fast jeder Student zuerst über die spezifischen Begriffe der jeweiligen Fachsprache. Ein beson-

Fachsprache

deres Kennzeichen der wissenschaftlichen Fachsprache sind nämlich eigene Begriffe. „*Der heutige verfügbare Gesamtwortschatz der Medizin wird ... auf 500.000 Termini geschätzt.*" (POREP, R., STENDEL, W.: Medizinische Terminilogie. Stuttgart 1974). Die Sprache der Chemie soll 100.000 facheigene Termini besitzen. (WOLFF, R.: Die Sprache der Chemie. Bonn 1971) Bei anderen Wissenschaften ist es ungefähr genauso. Wenn man davon ausgeht, daß ein Student etwa 6.000 - 8.000 Fachausdrücke lernen muß und die Alltagssprache der meisten Menschen nur 500 - 800 Begriffe umfaßt, so zeigt sich, daß die erste Lesetechnik, die der Student zur Aneignung wissenschaftlicher Literatur lernen muß, eine Lesetechnik ist, die zur Übersetzung der Fachbegriffe anleitet. Die Technik des übersetzenden Lesens arbeitet mit Lexika. „*Die Wortfülle der neuen Wissenschaften schlägt sich ... in einer ständig wachsenden Anzahl von neuen Lexika nieder.*" (FLUCK, H.R., a.a.0., S. 82)

Benutzung von Fachlexika

Das übersetzende Lesen verhilft dem Studenten, die Fachbegriffe in seiner Alltagssprache und den Fachdiskurs in seinen Alltagsdiskurs zu überführen. Beim Verfassen eigener wissenschaftlicher Texte verankern sich diese neuen Wissenschaftsbegriffe und werden Bestandteil seines aktiven Wort- und Schreibschatzes. Da die Fachwörter nur einen bestimmten Prozentsatz jedes wissenschaftlichen Textes ausmachen, muß der Student niemals alle Wörter nachschlagen. Im technischen Bereich ist es so, „*daß bei einem technischen Text von etwa 500 Wörtern der Anteil der Fächwörter ... normalerweise 30 % des Gesamtwortschatzes nicht übersteigt.*" (FLUCK, H.R., a.a.O., S. 146) Andere Wissenschaften liegen hier oft noch günstiger.

Fremdwörterlexikon

Am Anfang jeder wissenschaftlichen Lesekarriere muß der Erwerb und die Nutzung von Fremdwörterbüchern und Fachlexika stehen. Als Fremdwörterbuch, das 20.000 Fremdwörter aus allen Lebensgebieten verzeichnet, bietet sich an: TEXTOR, A.M.: Auf deutsch. Das Fremdwörterlexikon. Reinbeck 1992. 40.000 Fremdwörter aus allen Lebensbereichen umfaßt: *Großer Duden* Band V. Fremdwörterbuch. Mannheim 1992.

Geben wir nun für die Praxis des übersetzenden Lesens einige Beispiele:

Börsensprache

Aufgabe Börsensprache:

Übersetzen Sie einmal folgenden Text der Börsensprache in die Umgangssprache:

Dax-Index (Schluß)	1885,86 (1916,51)
Rex-Index	106,36 (106,60)
Durchschnittsrend. öff. Anl.:	6,04 (5,99) %
Umsätze der deutschen Börse (Kurswerte):	
Aktien:	5,277 (6,529) Mrd. DM
Renten:	17,665 (18,478) Mrd. DM
Dow Jones (Schluß):	3543,11 (3539,75)
Diskontsatz:	6,25 Prozent (seit dem 10.9.93)
Lombardsatz:	7,25 Prozent (seit dem 10.9.93)
Dollarkurs:	1,6550 (1,6287) DM
Goldpreis:	357,10 (357,40) $ je Feinunze

Legen Sie nun eine Liste aller wissenschaftlichen Fachbegriffe an und definieren Sie sie. Bei Schwierigkeiten greifen Sie auf folgende Fachlexika zurück:

LÜCK, W.: Investitionslexikon, München 1991
BESTMANN, U.: Finanzlexikon, München 1989
WOLL, A.: Wirtschaftslexikon, München 1992

Verwaltungssprache

Aufgabe Verwaltungssprache:

Fassen Sie folgenden Text aus der Verwaltungssprache in eigenen Worten zusammen:

> *«Rechtsbehelfsbelehrung*
> *Sie können gegen diesen Bescheid Einspruch einlegen. Der Einspruch ist bei dem umseitig bezeichneten Finanzamt schriftlich einzureichen oder zur Niederschrift zu erklären.*
> *Die Frist für die Einlegung des Rechtsbehelfs beträgt einen Monat. Sie beginnt mit dem Ablauf des Tages, an dem Ihnen dieser Bescheid bekanntgegeben worden ist*

(§ 236 Abs. 1 der Reichsabgabenordnung). Als Tag der Bekanntgabe gilt bei der Zustellung mit Postzustellungsurkunde der Tag der Zustellung (§ 3 des Verwaltungszustellungsgesetzes). Bei Zustellung durch eingeschriebenen oder bei Zusendung durch einfachen Brief gilt die Bekanntgabe mit dem dritten Tag nach Aufgabe zur Post als bewirkt, es sei denn, daß der Bescheid nicht oder zu einem späteren Zeitpunkt zugegangen ist (§§ 4 und 17 des Verwaltungszustellungsgesetzes).» (Aus einem Bescheid über Lohnsteuer 1974) (Fluck, H.R.: Fachsprachen. Tübingen 1991, S. 74 f.)

Legen Sie auch hier eine Liste aller Fachbegriffe an und versuchen Sie eine eigene Definition dieser Begriffe. Bei Problemen können Sie in folgenden Lexika nachschlagen:

Model, O. u.a.: Staatsbürgertaschenbuch, München 1983
Creifelds, C.: Rechtswörterbuch, München 1993.

Medizinische Fachsprache

Aufgabe medizinische Fachsprache:

Besonders gefürchtet ist die medizinische Fachsprache. Versuchen Sie einmal den Sinn zweier kurzer Abschnitte aus der Feder von Medizinern ins Alltagsdeutsch zu übersetzen:

„Die Oesophagusstenosen sind deutlich oberhalb der eigentliche Kardia lokalisiert. Fast regelmäßig ist eine kleine axiale Hiatushernie nachweisbar. Ob diese obligate Hernie nur Folge der Längsschrumpfung des Oesophagus und damit der Verlagerung der Kardia nach intrathorakal oder ob ihr eine kausale Bedeutung in der Pathogenese dieses Krankheitsbildes zukommt, ist noch umstritten. Auf Grund unserer Kenntnis über die selbständige Funktion des unteren Oesophagussphincters scheint diese Hiatushernie jedoch sekundär zu sein.

In der Mehrzahl dieser peptischen Stenosen spielt ein gastrooesophagealer Reflux die entscheidende pathogenetische Rolle.“ (Fluck, H.R., a.a.O., S. 92)

Listen Sie alle Fachtermini auf und versuchen Sie sie durch die Benutzung von medizinischen Fachlexika zu definieren.

Zum Beispiel:

AHLHEIM, H.K.: Wie sagt der Arzt. Kleines Synonymwörterbuch der Medizin. Mannheim 1991
PSCHYREMBEL, W.: Klinisches Wörterbuch. Berlin 1993.

do it yourself

Aufgabe Soziologen-Deutsch:

Auch die Sozialwissenschaften haben ihre eigene Fachsprache, die heute als besonders schwieriger Wissenschaftsdiskurs gilt. Übersetzen Sie mal einen kleinen Text von A. SOHN-RETHEL aus einer Studie „Zur kritischen Liquidierung des Apriorismus" ins Alltagsdeutsch.

Soziologische Fachsprache

„Dem Apriorismus und seiner Fortbildung in der weiteren Transzendentalphilosophie kommt nach unsrer Meinung die Bedeutung der endgültigen systematischen Formulierung des philosophischen Idealismus zu. Die kritische Widerlegung des Apriosrismus müßte deshalb den idealistischen Standpunkt in seinem Begründungszentrum treffen. Diese Widerlegung erfordert den Nachweis, daß das Denken genau in demselben Sinne gesellschaftlich bedingt und geschichtlich entstanden ist, in dem der Idealismus seine Apriorität gegenüber dem Sein und seine Transzendentalität behauptet. Es muß versucht werden, der idealistischen Interpretation des rationalen Denkens seine matrialistische Erklärung entgegenzusetzen; denn die Fetischisierung der ratio erledigte sich, wenn der Ursprung der ratio aus dem gesellschaftlichen Sein nachgewiesen würde. Dabei ist das rationale Denken in dem Sinne aus dem gesellschaftlichen Sein zu erklären, in dem das Denken effektiv Erkenntnis vermittelt; und Erkenntnis heißt hier, über Wahrheit und Falschheit von Aussagen urteilen zu können. Der Inhalt der idealistischen Fetischisierung der ratio ist die Verabsolutierung des Wahrheitsbegriffs. Daher besteht im genaueren Sinn die Aufgabe einer materialistischen Erklärung des rationalen Denkens darin, die geschichtliche Entstehung des Wahrheitsbegriffs aus dem gesellschaftlichen Sein nachzuweisen." (SOHN-RETHEL, A.: Warenform und Denkform. Frankfurt 1971. S. 27)

Schreiben Sie alle Fachtermini heraus und erklären Sie sie. Dabei könnten Ihnen folgende Wörterbücher helfen:

BERNSDORF, W.: Wörterbuch der Soziologie, Stuttgart 1969
HARTFIEL, G.: Wörterbuch der Soziologie, Stuttgart 1982

do it yourself

Aufgabe Philosophensprache:

Philosophensprache

Es wird Sie nun nicht mehr wundern, daß es Schwierigkeiten gibt, in die Sprache der Philosophie einzudringen. Üben Sie das übersetzende Lesen einmal an einem Text von P. SLOTERDIJK: „Zynismus - Dämmerung des falschen Bewußtseins."

> *„Das Unbehagen in der Kultur hat eine neue Qualität angenommen: es erscheint als universaler diffuser Zynismus. Ratlos steht vor ihm die traditionelle Ideologiekritik. Sie sieht nicht, wo am zynisch wachen Bewußtsein der Hebel für Aufklärung folgt. In ihm hat die eklatante Erschöpfung der Ideologiekritik ihren wirklichen Grund. Sie ist naiver geblieben als das Bewußtsein, das sie entlarven wollte; in ihrer braven Rationalität machte sie die Wendungen des modernen Bewußtseins zu einem listigen multiplen Realismus nicht mit. Die bisherige Formenreihe des falschen Bewußtseins – Lüge, Irrtum, Ideologie – ist unvollständig; die aktuelle Mentalität erzwingt die Anfügung einer vierten Struktur, des zynischen Phänomens. Vom Zynismus sprechen bedeutet, das alte Gebäude der Ideologiekritik durch einen neuen Eingang zu betreten versuchen.*
>
> *Es verstößt gegen den Spachgebrauch, Zynismus als universales und diffuses Phänomen zu bezeichnen; in der allgemeinen Vorstellung ist Zynismus nicht diffus, sondern markant, nicht universal, sondern abseitig und hochindividuell. Die ungewöhnlichen Beiwörter umschreiben etwas von seiner neuen Erscheinungsform, die ihn zugleich brisant und unangreifbar macht.*
> *(SLOTERDIJK, P.: Kritik der zynischen Vernunft. Frankfurt, 1983, Band 1, Seite 33f.)*

Definieren Sie nun alle Fachbegriffe des gelesenen Textes. Bei Bedarf ziehen Sie folgende Wörterbücher zur Hilfe heran:

RITTER, J., GRÜNDER, K.: Historisches Wörterbuch der Philosophie. Basel 1971 ff.
SCHMIDT, H.: Philosophisches Wörterbuch. Stuttgart 1982.

Das übersetzende Lesen läßt sich ausbauen, indem man zur Entzifferung wissenschaftlicher Texte weitere Wörterbücher zur Hilfe holt. Im Zuge der Vereinigung Europas wachsen auch die Wissenschaftssprachen zusammen. Deshalb ist es gut, wenn der Student mehrsprachige Wörterbücher beim übersetzenden Lesen benutzt. Z.B.:

MORA, J.: Wörterbuch des Verlagswesens in 20 Sprachen. München 1974.
BILKENROTH, G.: u.a. 13-sprachiges Wörterbuch für Gebirgsmechanik. München 1972.
DORIAN, F., OSENTHON, P.: Fachwörterbuch der Luftfahrt in sechs Sprachen, Frankfurt 1964.

Oft bringt auch das Lesen eines Lexikonartikels über den Verfasser eines wissenschaftlichen Textes Licht in das Dunkel der Wissenschaftssprache. Die Einbeziehung biographischer Nachschlagewerke in das übersetzende Lesen kann sich auf folgende Werke stützen:

Biographische Nachschlagewerke

Auswahl biographischer Nachschlagewerke

Pädagogik:
RACH, A.: Biographien zur deutschen Erziehungsgeschichte. Weinheim. 1968

Psychologie:
BONIN, F.W.: Die großen Psychologen. Düsseldorf 1983

Geschichte:
HERZFELD, H.: Biographisches Lexikon zur Weltgeschichte. Frankfurt 1970

Rechtswissenschaft:
KLEINBERGER, G., SCHRÖDER, J.: Deutsche Juristen aus fünf Jahrhunderten. Heidelberg 1983

Soziologie:
BERNSDORF, W., KNOSPE, H.: Internationales Soziologenlexikon. Stuttgart 1980-84

2. Technik: Das schnelle Lesen (SL)

Lesegeschwindigkeit

Die Leseforschung hat herausgefunden, daß die durchschnittliche Lesegeschwingkeit des Erwachsenen je nach Textsorte variiert:

Lesetyp	Lesegeschindigkeit	Textsorte
leichtes Lesen	250 Wörter pro Minute	Unterhaltungslektüre
normales Lesen	180 Wörter pro Minute	Berufslektüre
sorgfältiges Lesen	135 Wörter pro Minute	wissenschaftliche Fachartikel
schwieriges Lesen	75 Wörter pro Minute	technische Texte und fremdsprachliche Fachtexte

Lesertypen

Die Leseforschung kann auch Lesertypen unterscheiden.

Lesertyp	Lesegeschwindigkeit
ungeübter erwachsener Leser	90 bis 160 Wörter pro Minute
geübter Normalleser	200 bis 250 Wörter pro Minute
geschulter Leser	500 Wörter pro Minute
perfekter Leser	900 Wörter pro Minute

Vgl. ZIELKE, W.: Schneller lesen, intensiver lesen, besser behalten. München 1991, S. 14 f.

Aus diesen Fakten entstand ein Programm zur Beschleunigung der Lesegeschwindigkeit. Dieses Programm versucht die gelesene Wortrate pro Minute zu steigern. Das kann gelingen, indem der Leser trainiert wird, das Rückgleiten der Augen auf frühere Wörter, das Haften an bestimmten Worten und das innere Sprechen sich beim Lesen abzugewöhnen. Sehen wir uns nun den Leseprozeß noch einmal in einer Grafik an:

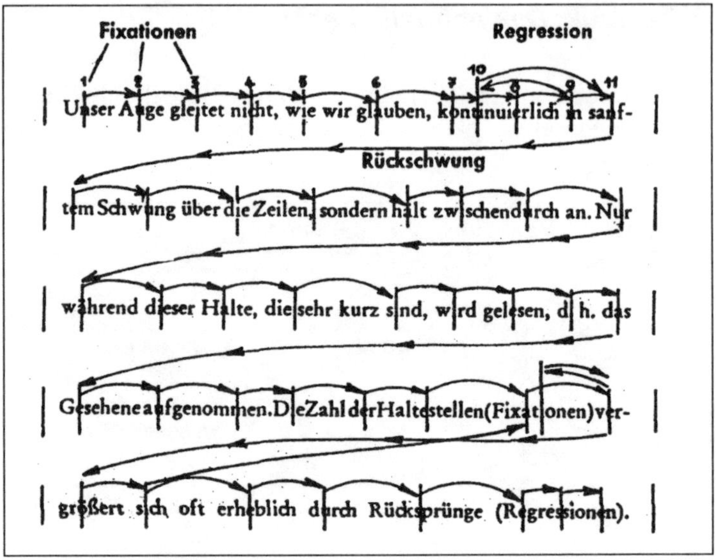

(ZIELKE, W.: Schneller lesen, intensiver lesen, besser behalten. München 1991, S. 78)

do it your-self

Übungen zur Beschleunigung des Leseprozesses

Dem Ziel der Qualifizierung für das schnelle Lesen dienen folgende Traninigsmethoden:

Schneller Lesen:
Üben Sie schneller zu lesen. Lesen Sie mal so schnell wie Sie überhaupt können. Lesen Sie so schnell, daß Sie kaum noch etwas vom Text mitbekommen.

Beschleunigung des Lesefingers:
Lassen Sie sich beim Lesen durch Ihren Lesefinger leiten und beginnen Sie nun, den Lesefinger immer schneller über die Zeilen gleiten zu lassen, so daß sich auch ihre Lesegeschwindigkeit erhöhen muß.

Vergrößern Sie Ihren Fixierungsbereich:
Lesen Sie nicht mehr Wort für Wort, sondern Wortgruppe für Wortgruppe. Lesen Sie schließlich Zeile für Zeile und Abschnitt für Abschnitt.

Blättern Sie schneller um:
Verkürzen Sie die Verweildauer Ihrer Leseaugen auf jeder Seite, indem Sie einfach immer schneller umblättern.

Übung zum schnellen Lesen:

Lesen Sie den folgenden Text „Schweißen am Schild“ erst ganz schnell, mit fliegendem Lesefinger und nehmen Sie Zeile für Zeile in den Blick. Schreiben Sie Ihre schnellen Leseerkenntnisse auf. Lesen Sie dann den gleichen Text so sorgfältig wie möglich. Schreiben Sie Ihre Leseerkenntnisse gleichfalls auf und vergleichen Sie beide Resultate. Was hat sich verändert?

do it your-self

Schneller umblättern

„Schweißen am Schild

Mit Laserblitzen aus dem All will die Deutsche Aerospace das Ozonloch über der Antarktis stopfen – ein utopischer Kraftakt

Die Flugkörper sehen aus wie zu groß geratene Regenschirme; sie schweben 1500 Kilometer über den Köpfen der Menschen und sollen helfen, den löchrig gewordenen Ozonschild über der Antarktis zu flicken, durch den immer mehr krebserregendes UV-Licht auf die Erde strahlt.

Noch ist die Rettung aus dem All nur eine kühne Idee: Riesige Parabolspiegel fangen die Energie der Sonne auf und erzeugen Laserlicht, das in die Erdatmosphäre geschleudert wird. Die Lichtblitze knacken die in der Lufthülle reichlich vorhandenen zweiatomigen Sauerstoffmoleküle; ein Teil der freigesetzten Gasatome wandelt sich um in das dreiatomige Ozon (O_3) – jene Substanz, an der es in 24 Kilometer Höhe mangelt. Auf diese Weise würde die ausgedünnte Ozonschicht wieder aufgefüllt.

Den verwegen klingenden Rettungsplan haben sich die Deutsche Aerospace AG (Dasa) und das russische Weltraumunternehmen NPO Energija ausgedacht. Letzten Mittwoch schlossen die beiden Raumfahrtfirmen in Moskau ein Abkommen, um gemeinsam die „Möglichkeiten zur Schließung des Ozonlochs“ zu erkunden. Dasa-Chef Jürgen Schrempp: „Wir werden unsere Erfahrungen bündeln.“

NPO Energija sorgte kürzlich schon einmal für Aufsehen, als das Weltraumunternehmen vorschlug, riesige Spiegel in eine Erdumlaufbahn zu schießen. Die 20 Meter messenden Reflektoren sollten Sonnenlicht auf die Erde lenken, um Städte im Norden Rußlands während des langen arktischen Winters zu beleuchten.

Um das Konzept zu testen, setzte die russische Raumstation Mir Anfang Februar einen Experimentalspiegel aus, der sich auch wirklich nach etwa 10 Minuten entfaltete. Ein Meterologe der

Wetterstation auf der Zugspitze berichtete hinterher von einem „sehr hellen Schein", der schnell vorübergezogen sei. Gänzlich ungeklärt bleibt, ob eine derartige Straßenbeleuchtung aus dem All bezahlbar wäre.
Auch über die Kosten für die jetzt vorgeschlagenen Schweißarbeiten am Ozonschild wisse man noch gar nichts, gibt Dasa-Sprecherin Ute Lieske-Wessendorf zu; bis Ende des Jahres soll eine „Durchführbarkeitsstudie" angefertigt werden.
Die Mühe könnte sich das deutsch-russische Ingenieursteam sparen. Für einen „hoffnungslosen Plan" hält, schon nach einer ersten Überschlagsrechnung, der Chemiker Dieter Perner vom Mainzer Max-Planck-Institut für Chemie die geplante Reparatur der Ozonschicht.
Um allein das 3000 Kilometer messende Ozonloch über dem Südpol mit Hilfe von Laserblitzen zu verstopfen, müßten pro Jahr, so Perners Rechnung, mindestens 78000 Megawatt von außen in die Planetenhülle eingestrahlt werden; das entspräche der Energieleistung von 60 Kernkraftwerken des Krümmel-Typs.
Soll die von der Dasa vorgeschlagene Ozonreparatur mittels Sonnenlicht realisiert werden, wäre demnach eine gewaltige Armada von erdumkreisenden Laserbrütern vonnöten: Mindestens 24 Millionen aluminiumbeschichtete Spiegel von je 20 Meter Durchmesser müßten in Umlaufbahnen gehievt werden. (Der Spiegel, 1993, H. 36, S. 256)

Beherrschung der Lesegeschwindigkeit

Die Methode des schnellen Lesens hat durchaus ihre Verdienste. Die Evalation von Schnellesekursen hat ergeben, daß der durchschnittliche Leser seine Leserate um 25 bis 50 Prozent verbessern kann. (HARRIS, A.J.: How to Increase Reading Ability. New York 1970, S. 84) Allerdings hat die Lesebeschleunigung ihre Grenzen dort, wo das Textverständnis zusammenbricht. So wurde erkannt, daß die „Beschleunigung visueller Prozesse allein nicht zu einer Verbesserung der Qualität des Textverständnisses führt, z.T. überhaupt keine Verbesserung des Textverständnisses eintritt und manchmal auch ein Schwund des Textverstehens besonders bei mathematischen und naturwissenschaftlichen Texten einsetzt. Es kommt nicht einfach auf die Steigerung der Lesegeschwindigkeit an, sondern auf das Beherrschen unterschiedlicher Geschwindigkeiten und deren bewußten flexiblen Einsatz." (vgl. GROEBEL, N.: Leserpsychologie, Textverständnis - Textverständlichkeit. Münster 1982. S. 103-108)

3. Technik: Das traditionelle Lesen (ME-Technik)

Das traditionelle Lesen wird an der Universität oft angesprochen. Es ist meist die einzigste Lesetechnik, die der Student neben seiner Fähigkeit, Unterhaltungsliteratur zu lesen, kennt. Diese traditionelle Technik hat folgende Merkmale:

Merkmale tradionellen wissenschaftlichen Lesens

> Jeder wissenschaftliche Text soll zwei Mal gelesen werden. Im ersten Lesedurchgang soll der Student im Text wichtige Stellen markieren und im zweiten Durchgang soll der Student wichtige Textaussagen exzerpieren. Deshalb soll diese Lesetechnik ME-Technik (M = markieren; E = exzerpieren) genannt werden.

Übung zur ME-Technik:

Lesen Sie den folgenden Text „Ladys first" zwei Mal. Markieren Sie beim ersten Lesedurchgang wichtige Stellen mit Bleistift. Exzerpieren Sie im zweiten Lesedurchgang die wichtigsten Textaussagen.

> *„Ladys first!*
> *Meine Damen! Sie sind dran! Sie lieben eine Frau! Ein Tabubruch, der in Deutschland offensichlich schwerer über die Lippen zu bringen ist, als »ich habe abgetrieben!«*
> *Allgemeines Schulterklopfen: Es ist gut, daß der STERN über lesbische Frauen berichtet.*
> *Allgemeines Schulterzucken der Ladys, wenn's konkret wird: Mein Privatleben gehört mir, es geht niemanden etwas an, was ich im Bett mache und wen ich warum liebe.*
> *Stimmt, es geht niemanden etwas an,was die Frau Ministerin in der Liebe umtreibt, und auch die arrivierte Modemacherin soll sich vergnügen, mit wem sie will. Genauso wie die lesbische Schauspielein, die Wagner-Diva, die Popsängerin, die Chefredakteurin, die TV-Ansagerin...*
> *Es gibt sie ja, die prominenten Lesben - im Ausland. K.D. Lang, Sandra Bernhard, Martina Navratilova, Roberta Achtenberg...*
> *Deutschland hat nur eine einzige, die sich oft und gern zu ihrem Lesbentum bekennt: Hella von Sinnen. Eine Ausnahmeerscheinung in jeder Beziehung.*

»Du bist doch nicht etwa so wie die?« werden viele junge Mädchen von den Eltern gefragt, wenn ihre Liebe zu Frauen offenkundig wird. Sie sind nicht alle wie Hella, sie sind vielleicht wie Sie, Frau Ministerin oder wie Sie, Madame Chefredakteurin, sie wollen vielleicht wie Sie, Frau Kommissarin, im Fernsehen auf Verbrecherjagd gehen.
Mag sein, daß Ihre Angst nicht unbegründet ist. Mag sein, daß Sie ein paar Platten oder Anzüge weniger verkaufen, der Marktwert sinkt und die Aktien dazu.
Auch Cornelia Scheel, Hellas blonder Engel, ist aus der deutschen Krebshilfe hinauskomplimentiert worden, nur weil sie sich weigerte, weiterhin das potentielle Schwiegertöchterlein für Sohnemann vorzuspielen.
Martina Navratilova sind Millionen Dollar durch die Lappen gegangen, weil mit einer Lesbe kaum Parfüm-Werbung zu machen ist.
Hollywood ist nicht besser. Eine Schauspielerin, die öffentlich dazu steht, lesbisch zu sein, kann ihre Karriere an den Nagel hängen.
Aber gerade weil das so ist, weil lesbische Liebe 1993 immer noch in vielen Köpfen »keinen abgekriegt« bedeutet, oder »Hormonstörung zum Opfer gefallen«, brauchen wir andere Vorbilder. Müssen Frauen erst so alt werden wie Inge Meysel, daß sie es sich erlauben können, über lesbische Erfahrungen zu sprechen? Oder es mit ins Grab nehmen wie Elisabeth Flickenschildt?
Solange Frauen tatsächlich Nachteile zu befürchten haben, weil sie, so wie Sie, dem gleichen Geschlecht nun mal den Vorzug geben, ist das ach so Private verdammt politisch. Also: Ladys first!“ (Stern 9.9.93, Nr. 37, S.42)

Nach dem zweimaligen Lesen stellen Sie eine Sammlung Ihrer Markierungszeichen zusammen, die Sie bei „Ladys first“ benutzt haben. Dann überprüfen Sie, wieviel wichtige Textaussagen Sie exzerpiert haben. Radieren Sie dann Ihre Bleistiftmarkierungen wieder weg.

Nach dieser Übung sollen Sie genaueres über das Markieren und Exzerpieren erfahren.

Markieren

Markierungen sollen helfen, einen Text zu strukturieren. Sie erleichtern beim Lesen die Orientierung. Sie fördern ordnende Elemente, die bessere visuelle Aufnahme und Wiedergabe des Gelesenen. Beim Markieren unterlaufen den Studenten allerdings oft folgende Fehler:

Fehler beim Markieren

- Es werden zu viele Markierungen angebracht.
- Es erscheinen viele Stellen wichtig, die aber erst aus dem Gesamttext richtig bewertet werden können.

Wird ständig etwas markiert, wird der bearbeitete Text unübersichtlich. Deshalb gelten folgende Regeln:

- Der Student darf nur die eigenen Bücher oder Fotokopien markieren.
- Der Student soll sparsam und gezielt markieren.
- Der Student soll überprüfen, ob seine Markierungen den gelesenen Text richtig strukurieren.
- Das eigene Markierungssystem sollte der Student beibehalten und ständig weiterentwickeln.

Markierungstechniken

Folgende Markierungstechniken stehen dem Studenten beim Lesen zur Auswahl:

Unterstreichungen: Die Stärke der Unterstreichung können die Wichtigkeit der Stellen markieren. Dünne verbindene Linien können die Verbindung einzelner Gedanken hervorheben.

Randbemerkungen: Stichwörter und Kurzkommentare werden auf den Rand der gelesenen Seite geschrieben. Die Wiederholung der Textaussagen in eigenen Worten fördert die Durcharbeitung des eigenen Textes.

Arbeitszeichen: Der Student entwickelt Markierungssymbole, die wichtige Reaktionen des Lesers auf den Text ausdrücken können. Hier ein Beispiel eines Systems von Arbeitszeichen:

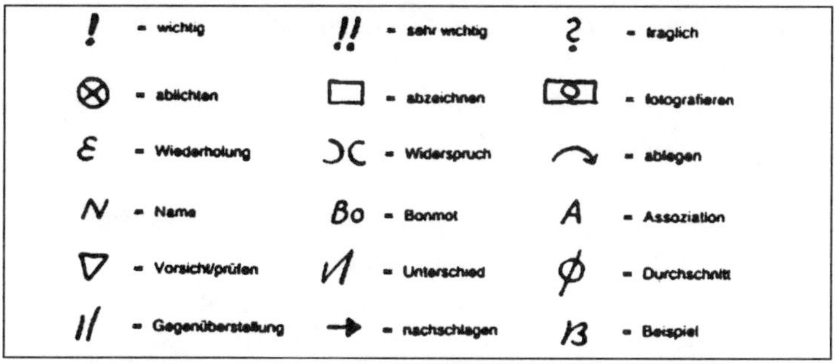

(ZIELKE, W.: Handbuch der Lern-, Denk- und Arbeitstechniken. Bindlach 1991, S. 179)

Überstreichungen: Mit Textmarkern werden Textteile durch Überstreichungen farbig aus dem Text herausgehoben. Gelb markierte Textstellen sind am besten lesbar. Durch verbindende Linien lassen sich auch bei überstrichenen Stellen Zusammenhänge herstellen.

Überlagernde Begrenzungen: Mit dieser Technik werden Felder im Text eingekreist und mit verbindenden Linien in Zusammenhang gebracht, wenn gedankliche Zusammenhänge erkannt sind.

Überlagernde Worte: Bei dieser Methode werden Stichworte in den Text hineingeschrieben und durch Linien werden Zusammenhänge zwischen den Stichworten hergestellt.

Kolumnentitel: Mit Hilfe von Seitenüberschriften kann der Inhalt einer Seite über dem Textblock grob zusammengefaßt werden.

Eigene Zwischen- und Untertitel: Erfinden Sie für jeden Textabschnitt eigene Zwischen- und Untertitel. Nummerieren Sie dann das System von Zwischen- und Untertitel, so daß eine klare Textgliederung sichtbar wird.

Übung:

Wählen Sie nun eine Markierungstechnik aus und arbeiten Sie unseren Text „Ladys first“ noch einmal durch, indem Sie beim Lesen die gewählte Markierungstechnik anwenden.

Mit den Markierungen werden Textteile hervorgehoben, mit dem Exzerpieren werden Textteile aus dem Text in schriftlicher Form herausgezogen. Das Markieren hilft, den gelesenen wissenschaftlichen Text zu strukurieren. Das Exzerpieren gibt uns Gedanken und wörtliche Zitate des gelesenen Autoren für das eigene wissenschaftliche Schreiben an die Hand.

Karteien anlegen

Die Exzerpte können bei Bedarf in Karteien geordnet werden. Man unterscheidet dabei:

Lektüre-, Themen-, Autoren-, Zitate- und Arbeitskarteien. (vgl. U. Eco: Wie man eine wissenschaftliche Abschlußarbeit schreibt. Heidelberg 1991, S. 154)

Wie beim Markieren gilt auch beim Exzerpieren die Grundregel: In der Kürze liegt die Würze. Es lassen sich verschiedene Typen von Exzerpten unterscheiden.

Typen von Exzerpten

Wörtliche oder paraphrasierende Exzerpte:
Definitionen, Hauptbegriffe oder wichtige Thesen werden meist wörtlich exzerpiert. Überleitungen, Beispiele, Argumentationsketten werden paraphrasiert, d.h. in eigenen Worten wiedergegeben. Beide Exzerpte werden am Leitfaden einer Frage entwickelt und brauchen nicht dem Aufbautext des exzerpierten Textes zu folgen.

Kommentiertes Exzerpt:
Dieses Exzerpt faßt die Bewertung des gelesenen Textes kurz zusammen und gibt Hinweise für die weitere Verwendung des exzerpierten Textes im eigenen Schreiben. U. Eco schreibt z.B. in seiner kommentierenden Exzerptkartei über den Autor A. Marc „Ein interessanter Aufsatz, von dem ich das Wichtigste übernommen habe." (U. Eco a.a.O. S. 179)

Strukturexzerpt:
Strukturexzerpte sollen Gedankenordnungen auf dem Papier sichtbar machen und die Gliederungskraft des Schreibers verbessern helfen. Dabei geht man folgendermaßen vor:

Auf einem großen Blatt wird der erste wichtige Gedanke eines gelesenen Textes als Stichwort im oberen Drittel des Blattes festgehalten. Der nächste Gedanke wird dem ersten Gedanken zugeordnet. Ist er dessen Voraussetzung kommt er darüber. Ist er dessen Folge kommt er darunter. Ist er eine Folge des ersten Gedankens kommt er daneben. Dann folgt der nächste wichtige Gedanke und seine Trabanten, bis der ganze Gedankenbaum abgebildet und mit Assoziationsbahnen vernetzt ist.

Ein Strukturexzerpt entsteht am leichtesten mit der Zweispaltenmethode. In die linke Spalte trägt der Student die formale Folge der Gedanken eines gelesenen Textes ein. In der rechten Spalte notiert er die Folge der wirklichen Gedanken in Stichworten.

Hilfe für das Struktur-exzerpt

formale Gedankenfolge	wirkliche Gedankenfolge in Stichworten
Einleitungsidee	
Untergedanken	
Hauptgedanke 1	
Beispiele	
Hauptgedanke 2	
wichtige Details	
Schlußgedanken	

Nun ein Beispiel:

Aus diesem Text über Dänikens Theorien „vom außerirdischen Leben“ kann das folgende Strukturexzerpt erstellt werden:

> *„Wenngleich, trotz hoher Bestsellerauflagen, kaum ein Wissenschaftler die Theorien Dänikens akzeptiert, ist die Frage nach außerirdischen Leben recht interessant und nicht ohne weiteres von der Hand zu weisen. Lange Zeit hat der Mensch Anspruch erhoben, das einzige vernunftsbegabte Lebewesen im Weltraum zu sein. Heute sieht er die Wahrscheinlichkeit, daß es außerirdisches Leben gibt, außerordentlich groß. 1969 und 1973 gingen Berichte durch die Weltpresse, nach der der russische Wissenschaftler Petrow Funksignale aus dem Weltraum empfing. Daß es auf anderen Planeten wie auf der Erde Pflanzen und Tiere geben könne, war man zuzubilligen auch früher bereit, nun aber schienen sich Menschen bemerkbar zu machen. Um die Beobachtungen wurde es wieder still. Aber immer wieder tauchen phantasiereiche Schilderungen von Ufos auf, die Zeitgenossen beobachtet haben wollen. All diese Beobachtungsobjekte sind bis heute ebensowenig als Fahrzeuge außerirdischer Menschen bewiesen, wie die Sagen unserer Vorfahren von fernen Göttern als authentische Berichte angesehen werden könn-*

ten. Aber vielleicht verhilft uns nüchterne Überlegung zu der Überzeugung, daß es Leben außerhalb des Sonnensystems geben muß. Die Erde gehört zum Sonnensystem, aber dieses selbst ist nur ein Teil einer größeren Ordnung, der Galaxis oder Milchstraße. Die Galaxis ist eine Anhäufung von Sternen in Form einer großen Spirale. Ihre Abmessungen sind schier unfaßbar. Man rechnet mit einem Durchmesser von etwa 80 000 Lichtjahren und einer Höhe von 60 000 Lichtjahren. Dennoch gibt es in unermeßlichen Abständen von der Galaxis Millionen weiterer Systeme, die ihr ähneln. Bleiben wir im galaktischen System. Wie Schätzungen ergaben, existieren in ihm derart viele Sonnensysteme, daß die Zahl der Planeten mit einer Million eher zu tief als zu hoch gegriffen ist. Die Spektralanalyse bewies, daß es auch auf fernen Welten keine anderen Elemente gibt als die gut 100, die uns bekannt sind. Wäre es dann bei diesen Zahlen undenkbar, daß viele Planeten ähnlich beschaffen sind wie die Erde? Im Gegenteil, es ist absolut wahrscheinlich, daß eine größere Zahl ganz ähnlich beschaffener Himmelskörper existiert. Davon abgesehen, sind aber auch, wie im Tiefenschlamm mancher Meere, Lebewesen vorstellbar, die ohne Sauerstoff existieren. Es spricht alles dafür, daß es überall im Universum Leben, auch intelligentes Leben, gibt.

Strukturexerpt

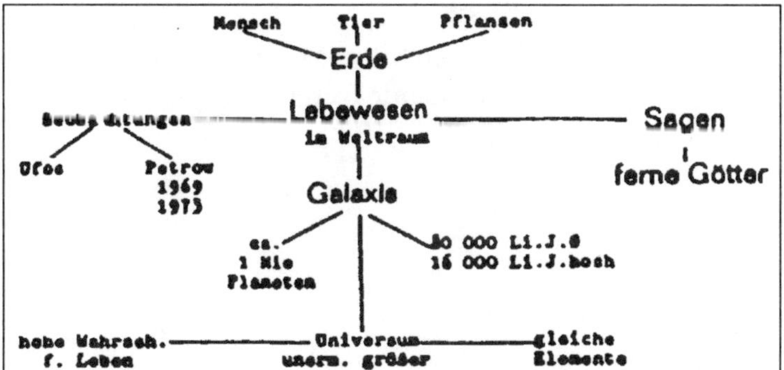

(Text und Struktur zit. n. ZIELKE, W. a.a.O. S. 185f)

do it yourself

Aufgabe:
Setzen Sie den Inhalt des gelesenen Textes „Dänikens Theorie“ in ein Mind-Map um. Ein Mind-Map besitzt im Zentrum

die Hauptidee des Textes in Form eines Stichwortes. Im Uhrzeigersinn werden dann die wichtigsten Nebenideen des gelesenen Textes geordnet. Jeder Ast der Nebenidee kann dann noch zusätzliche Unterideen und konkrete Beispiele aufnehmen.

Exzerpt-formulare

Standardexzerpt:

Da sich beim Exzerpieren oft die gleichen Vorgehensweisen ergeben, sollte der Student auch versuchen, mit Exzerptformularen zu arbeiten. Wir bilden hier ein sechs- und dreigliedriges Exzerptformular ab:

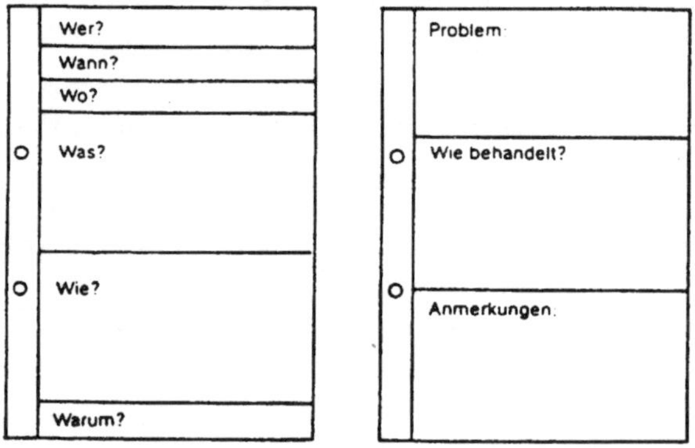

(Zielke, W. a.a.O. S. 188)

Aufgabe:

Verwandeln Sie nun den Text „Ladys first“ zuerst in ein Strukturexzerpt, dann in ein Mind-Map und dann in ein drei- bzw. sechsgliedriges Standardexzerpt.

4. Technik: Das rationelle Lesen (SQR, SQ3R, PQ4R)

Leseprozeß und kognitive Psychologie

Die ausgefeilteste Lesetechnik zur Reproduktion und zum Verständnis vorgefundener wissenschaftlicher Texte entstand im Umfeld der kognitiven Psychologie. Die kognitive Psychologie stellte fest, daß der Leseprozeß folgende Elemente umfassen muß:

1. Besinnung auf das Leseziel
2. Das Planen der Lektüre
3. Die Aufrechterhaltung der Konzentration im Leseprozeß
4. Die Aufnahme und Überprüfung von Leseergebnissen
5. Die Wiedergabe des Gelesenen

(Aebli, H.: 12 Grundformen des Lehrens. Stuttgart 1983. S. 125f)

Diese fünf Elemente des kognitiven Leseprozesses werden nun in Drei-, Fünf- und Sechsschritt-Methoden formalisiert.

SQR

Survey Question Read

Für das Sichten und Auswählen von wissenschaftlicher Literatur genügt schon die Dreischritt-Methode (SQR). SQR faßt als Akronüm die Anfangsbuchstaben der in englisch gefaßten drei Leseschritte zusammen:

Schritt 1:
Verschaffe Dir ein Überblick (Survey = S)

Schritt 1

Man gewinnt einen Überblick, in dem man die folgenden Orientierungshilfen eines Buches oder Aufsatzes bewertet.

Vorwort- und Einleitung geben oft wichtige Hinweise auf die Inhalte eines Buches.

Inhaltsverzeichnisse enthüllen die Gliederung, die Gedankenfolge und die Gewichtung von Teilabschnitten.

Kapitelüberschriften, Unterüberschriften, Zusammenfassung oder **Grafiken** eröffnen Einsichten in den differenzierten Inhalt des Textes.

Personen- und Sachregister sind wichtige Orientierungshilfen für die eigene Fragestellung. Sie weisen auch nach, welche Autoren im Text berücksichtigt oder weggelassen werden.

Schritt 2

Schritt 2:
Stelle Fragen (Question = Q)

Fallen dem Leser keine Fragen ein, so kann es ihm schon helfen, wenn er die Kapitelüberschriften und Zwischenüberschriften des zu lesenden Textes in Fragen umformuliert. Das Fragenstellen formt die passive in eine aktive Lesehaltung um. Das Fragenstellen aktiviert den Lesewillen und das -ziel und überwindet das oft ziel- und ergebnislose Gleiten von Zeile zu Zeile. Ein geübter Leser wird im zweiten Schritt folgende Fragen aufwerfen:

Texterschließende Fragen

- Was ist das Thema des Textes?
- Wie argumentiert der Verfasser?
- Welche Thesen werden befestigt, welchen Thesen wird widersprochen?
- Was fällt mir als Leser zum Text ein?
- Wodurch unterscheidet sich der gelesene Text von meinem eigenen Vorwissen zum Thema?

Schritt 3

Schritt 3:
Lies den gewählten Text (Read = R)

Bei dem folgenden Lesen versucht man nun die Antworten auf die vorher gestellten Fragen zu finden. Dadurch wird der Leser auf die Hauptargumente des Textes und ihre Abfolge aufmerksam. Auch das Unterscheiden von Fakten, Meinungen, Hypothesen und wissenschaftlich abgesicherten Schlußfolgerungen ist nun im Leseprozeß möglich. Abschnittsweise sind Pausen zu machen und zu überprüfen *„ob die vorformulierten Fragen überhaupt und hinreichend beantwortet sind.“* (HÜLSHOFF, F.; KALDEWAY, R.: Training. Stuttgart 1990, S. 82)

do it yourself

Aufgabe:

Wenden Sie die SQR-Methode beim Lesen eines Textes über „Homöopathie“ an.

- Verschaffen Sie sich also erst einen Überblick über diesen Text (S)
- formulieren Sie dann Fragen (Q)
- lesen Sie den Text (R)

„Wir verwerfen die Homöopathie als Irrlehre“

Zur Auseinandersetzung um die wissenschaftliche Anerkennung von Naturheilkunde

In den Lehrplänen der (Hoch-)Schulmedizin wird Naturheilkunde nach wie vor nicht berücksichtigt. Auf Pläne, die Homöopathie in den prüfungsrelevanten Gegenstandskatalog für das Medizinstudium aufzunehmen, reagierte beispielsweise der Fachbereich ‚Humanmedizin‘ der Philipps-Universität Marburg mit folgender, auszugsweise dokumentierten „Marburger Erklärung zur Homöopathie“:

Der Fachbereich Humanmedizin der Philipps-Universität Marburg verwirft die „Homöopathie“ als eine Irrlehre. Nur als solche kann sie Gegenstand der Lehre sein. In diesem Sinne reicht das Lehrangebot in Marburg aus. Wir sehen jedoch die Gefahr, daß man von uns „Neutralität“ und „Ausgewogenheit“ in diesem Stoffgebiet fordern wird und sind nicht bereit, unseren dem logischen Denken verpflichteten Standpunkt aufzugeben zugunsten der Unvernunft.

Wir betrachten die Homöopathie nicht etwa als unkonventionelle Methode, die weiterer wissenschaftlicher Prüfung bedarf. Wir haben sie geprüft. Homöopathie hat nichts mit Naturheilkunde zu tun. Oft wird behauptet, der Homöopathie liege ein „anderes Denken „ zugrunde. Dies mag so sein. Das geistige Fundament der Homöopathie besteht jedoch aus Irrtümern („Ähnlichkeitsregel“; „Arzneimittelbild“; „Potenzieren durch Verdünnen“). Ihr Konzept ist es, diese Irrtümer als Wahrheit auszugeben. Ihr Wirkprinzip ist Täuschung des Patienten, verstärkt durch Selbsttäuschung des Behandlers.

Wir leugnen nicht, daß sich mit „Homöopathie" mitunter therapeutische Wirkungen erzielen lassen, wobei es sich um sogenannte Placebo-Effekte handelt.
Wir behaupten keineswegs, daß die von uns vertretene Wissenschaft alles erforschen und erklären kann; wohl aber versetzt sie uns in die Lage zu erklären, daß die Homöopathie nichts erklären kann. Ein der Allgemeinheit von interessierter Seite eingeredeter Aberglaube mag dies anders sehen und sich Ausgewogenheit und Zusammenarbeit zwischen „Homöopathie" und „Allopathie" wünschen. Richtschnur unseres Handels ist aber nicht ein in der Bevölkerung lebender und publizistisch geschürter Aberglaube, sondern die menschliche Vernunft, die uns sagt, daß die Worte „Homöopathie" und „Allopathie" nicht etwa einen Gegensatz, sondern eine Begriffswelt ohne reale Grundlage bezeichnen. Wenn unsere Universität sich dazu zwingen ließe, den Lehrgegenstand „Homöopathie" im neutralem Sinne anzubieten, würde sie ihren Auftrag verraten und ihre geistige Grundlage zerstören.
Veronika Carstens, Mitbegründerin der Fördergemeinschaft ‚Natur und Medizin' („Wir haben starke Argumente für eine sanfte Medizin"), erinnert diese am 2.12.1992 mehrheitlich verabschiedete „Erklärung wohl nicht ganz zu Unrecht an mittelalterliche Formen geistiger Auseinandersetzung". Sie schreibt: „Nach einer solch heftigen und polemischen Attacke besteht wenig Aussicht, die Verfasser der Schrift durch vernünftige Argumente zu überzeugen. Denn alle Bemühungen mit heute anerkannten wissenschaftlichen Methoden, die Wirksamkeit homöopathischer Therapien zu beweisen, wurden im Zorn vom Tisch gewischt, die anders denkenden Ärzte als Menschen ohne Verstand und Moral diffamiert und die Patienten als unfähig angesehen, Erfolg oder Mißerfolg einer Behandlung erkennen zu können."
Erste Ansätze, die Wirksamkeit der Homöopathie nach modernen Methoden ohne Voreingenommenheit zu prüfen, gibt es dagegen an den Universitäten Hamburg (Klinik Eppendorf), Berlin (Klinikum Steglitz und Klinikum Charlottenburg), Heidelberg, Erlangen, Ulm und München (TU).

Die Stiftung verweist dabei nachdrücklich auf die Tatsache. daß neueren Umfragen zufolge drei von vier Bundesbürgern mit Naturheilmitteln behandelt werden wollen. und fünf Prozent der niedergelassenen Ärzte Naturheilverfahren bereits intensiv, 45 Prozent gelegentlich anwenden.“
(PSYCHOLOGIE HEUTE, Sept. 1993, H. 9, S. 46)

Geben Sie nach dem Lesen eine Bewertung der SQR-Methode ab und überlegen Sie, was diese Methode noch nicht leistet.

SQ3R-Methode

Bei schwierigerer wissenschaftlicher Lektüre sollte die SQR-Methode zur SQ3R-Methode (Robinson, H.A.: Effective Study. New York, 1961) oder zur PQ4R-Methode (Thomas, E.L., Robinson, H.A.: Improving Reading in Every Class. A Source Book for Teachers. Boston 1972) erweitert werden. Die SQ3R-Methode umfaßt insgesamt fünf Schritte:

Schritt 1 (Survey = S)
Schritt 2 (Question = Q)
Schritt 3 (Read = R1) ergänzt sie noch um
Schritt 4 (Recite = R2) „Beantworte die Fragen“

Schritt 4

Nachdem die Antworten auf die Fragen gefunden sind, sollten sie in eigenen Worten formuliert werden. Die dabei gefundenen Hauptideen sollten mit Hilfe schlagender Schlüsselworte schriftlich ausformuliert werden.

Schritt 5

Schritt 5:
Wiederhole das Beantworten der Fragen nach jeden Textabschnitt (Review = R3)

Die zusammenfassende Wiederholung der Fragestellung und Antworten kann helfen, den Gesamtzusammenhang von Fragen und Antworten zu überprüfen, die gefundenen Schlüsselworte zu ergänzen und den Stoff im Gedächtnis besser zu verankern.

Aufgabe:
Kehren Sie noch einmal zum „Homöopathie-Artikel“ zurück und vollziehen Sie an diesem Artikel auch die Schritte 4 Recite (= R2) und den Schritt 5 Review (= R3).

do it your-self

Wissenschaftliche Beweise

Die Forschung bestätigte den Wert der SQ3R-Methode, wenn sie als Ganzes intensiv trainiert wird:

„*Wird das gesamte SQ3R-Programm gelehrt, läßt sich allerdings beim Erwachsenen... und auch beim Schüler, ab dem 7. Schuljahr, ein Zuwachs an Textverständnis, d.h. Qualität der Textverarbeitung, nachweisen. Ausschlaggebend aber ist auch hier ..., daß möglichst nicht nur Informationen über die Studientechniken gegeben werden, sondern daß diese aktiv vom Leser ... geübt werden.*" (GROEBEN, N.: Leserpsychologie. Textverständnis - Textverständlichkeit. Münster 1982, S. 112)

PQ4R-Methode

Die PQ4R-Methode, die H.A. ROBINSON zusammen mit E.L. THOMAS 1972 aus der 1961 entwickelten SQ3R-Methode entfaltete, faßt den ersten Schritt des rationellen Lesens nicht mehr als S wie Survey, sondern als P wie Preview auf. Dabei handelt es sich um keine inhaltliche Veränderung. Allerdings fügen THOMAS und ROBINSON 1972 ein viertes R = Reflect in den Leseprozeß ein. Ihr PQ4R-Modell lautet nun:

> „*1. Vorausschau (P wie Preview). Überfliegen Sie das Kapitel, um festzustellen, welche allgemeinen Themen darin behandelt werden. Identifizieren Sie die jeweils als Ganzes zu lesenden Abschnitte. Wenden Sie danach auf jeden dieser Abschnitte die folgenden vier Schritte an.*
> *2. Fragen (Q wie Questions). Überlegen Sie sich Fragen zu dem Abschnitt. Sinnvolle Fragen ergeben sich häufig einfach durch eine Umformulierung der Abschnittsüberschriften. Zum Beispiel könnte die Abschnittsüberschrift „Kodierungsvariabilität" in die Fragen „Was bedeutet Kodierungsvariablität?" und „Was sind mögliche Auswirkungen der Kodierungsvariabilität?" umgeformt werden.*
> *3. Lesen (R wie Read). Lesen Sie den Abschnitt sorgfältig und versuchen Sie, die von Ihnen formulierten Fragen zu beantworten.*
> *4. Nachdenken (R wie Reflect). Denken Sie beim Lesen über den Text nach. Versuchen Sie ihn zu verstehen, sich Beispiele auszudenken und seinen Inhalt mit Ihrem Vorwissen in Beziehung zu setzen.*
> *5. Wiedergeben (R wie Recite). Wenn Sie den Abschnitt beendet haben, versuchen Sie, die darin enthaltenen Informationen wiederzugeben und Fragen zu beant-*

worten, die Sie zu diesem Abschnitt formuliert haben. Wenn Ihnen dazu nicht mehr genug einfällt, lesen Sie die entsprechenden Textstellen noch einmal.
6. Rückblick (R wie Review). Nachdem Sie das Kapitel beendet haben, gehen Sie es gedanklich noch einmal durch. Rufen Sie sich dabei die wesentlichen Punkte ins Gedächtnis. Versuchen Sie anschließend erneut, die von Ihnen formulierten Fragen zu beantworten.“ (ANDERSON, J.R. : Kognitive Psychologie. Heidelberg 1991, S. 183)

Wissenschaftliche Beweise

Diese erweiterte rationelle Lesemethode ist gleichfalls positiv evaluiert worden. Diese Methode stellt sicher, daß die Aneignung „*des Stoffes durch die zahlreichen Durchgänge auf einen größeren Zeitraum verteilt wird und daß sich der Lernende der Gliederung des Stoffes bewußt wird.*“ (ANDERSON, J.R.: Kognitive Psychologie. Heidelberg 1991, Seite 183)

Das wichtigste Element dieser Methode „*ist jedoch das Formulieren und Beantworten von Fragen. Man kann wohl davon ausgehen, daß hierdurch vor allem eine tiefere und elaboriertere Verarbeitung des Textmaterials angeregt (vielleicht sollte man sagen erzwungen wird).*“ (ANDERSON, J.R.: a.a.O., vgl. auch BALLSTÄDT, S.P. u.a.: Texte verstehen - Texte gestalten. München 1981)

do it your-self

Aufgabe:

Wenden Sie die PQ4R-Methode beim Lesen des folgenden Artikels über die „Alzheimersche Krankheit“ an und formulieren Sie im sechsten Schritt einen Text, indem Sie ihre an den Text gestellten Fragen beantworten.

„ALZHEIMER:
DER KAMPF GEGEN DAS KILLEREIWEISS

***Die** Ursachen der gefürchteten Alzheimerschen Krankheit, durch die Teile des Gehirns langsam und für immer zerstört werden, sind noch nicht klar. Entsprechend fehlt es noch immer an einer wirkungsvollen Therapie.*
Doch scheint mittlerweile sicher: Die Vererbung spielt bei nahezu allen Formen von Alzheimer eine wichtige Rolle. Bei den seltenen Früherkrankungen vor dem 65. Lebensjahr sind offenbar bestimmte Gene auf dem 14.

und 21. Chromosom fur den geistigen Verfall verantwortlich. Diese genetischen Veranlagungen führen vor allem zu einer überdurchschnittlichen Produktion des Eiweiß-Mülls Amyloid, dem Hauptbestandteil der »Plaques« genannten Klumpen, die sich im Hirn ablagern.

Ein anderes Eiweiß in diesen Plaques brachte amerikanische Forscher nun auf die Spur einer Erbanlage, die möglicherweise die Späterkrankungen beim Alzheimer auslöst: Apolipoprotein E (Apo E) heißt der Stoff, dessen Produktion von einem Gen auf dem 19. Chromosom gesteuert wird. Im Blut transportiert Apo E das körpereigene Cholesterin. Was das Eiweiß im Hirn bewirkt, ist noch nicht genau bekannt. Sicher ist aber: Wer eine bestimmte Variante des Apo-E-Gens in sich trägt, erkrankt bis zu achtmal wahrscheinlicher an Alzheimer. So könnte es bald möglich sein, Risikokandidaten durch einen Gentest frühzeitig zu erkennen. Bisher ist die Diagnose selbst dann schwierig, wenn die Alzheimersche Krankheit längst ausgebrochen ist, weil sogar heilbare Altersdepressionen zu ähnlichen Symptomen wie das massenhatte Sterben von Hirnzellen führen. Doch zeigen sich auch hier erste Fortschritte: Durch einen Haut- oder Bluttest, der jetzt in den USA erprobt wird, kann Alzheimer vermutlich schon bald im Frühstadium nachgewiesen werden.

Aber was dann? Ein Medikament zur Heilung gibt es noch nicht, die Behandlung konzentriert sich auf die Symptome: Neben einer allgemeinen Anregung der Durchblutung und des Hirnstoffwechsels gilt das Hauptinteresse dem Acetylcholin, einem wichtigen Botenstoff (Neurotransmitter) der Nervenimpulse überträgt und so die Kommunikation zwischen den Hirnzellen ermöglicht. Alzheimer-Patienten leiden an schwerem Acetylcholin-Mangel, der zur Isolation ganzer Hirnregionen führt. Darum sollen Ersatzstoffe den Austausch zwischen den Nervenzellen wieder in Gang bringen. **Doch** *die chemischen Prothesen führen zu gefährlichen Nebenwirkungen im Nervensystem. Außerdem mangelt es Alzheimer-Patienten häufig an mehreren Neurotransmittern, so daß ein einziger Ersatzstoff nicht viel hilft.*

Auf die derzeit vielleicht heißeste Spur im Kampf gegen Alzheimer sind nun der US-Forscher Joe Rogers und sein kanadischer Kollege Pat McGeer gestoßen: Den beiden Neurologen war beim Vergleich von 12000 Krankenakten aufgefallen, daß nur wenige Patienten, die mit einem entzündungshemmenden Medikament gegen Gelenkrheuma behandelt wurden, auch an Alzheimer erkrankten. Das brachte die beiden auf den Verdacht, bei der Alzheimerschen Krankheit könnte ebenfalls eine Art Entzündung im Hirn ablaufen. Sie vermuten, abgelagertes Amyloid-Eiweiß führe zu einer Fehlreaktion des Immunsystems, bei der noch gesunde Hirnzellen abgetötet werden. Sollten Studien mit dem Anti-Rheumatikum Indomethazin diese Thesen bestätigen, könnte das Alzheimer-Übel erstmals therapeutisch an der Wurzel gepackt werden.“ (Stern Nr. 38, 14.9.93, S. 148f.)

4.4. Lesetechniken für die kreative Textproduktion

Reproduktives und produktives Lesen

Im Grunde gibt es keine bloße reproduktive Form des Lesens: *„Der Leser muß den Sinn des Textes in jedem Fall aus den Elementen seines eigenen Wissens und Erlebens rekonstruieren. Es sind ja nur gedruckte Zeichen auf dem Papier, die er wahrnimmt!*“ (Aebli, H.: 12 Grundformen des Lehrens. Stuttgart 1981, S. 122) Allerdings gibt es erhebliche Unterschiede zwischen einem Lesen, das nur auf die Reproduktion eines vorgegebenen Textes orientiert oder ein Lesen, das mit bestimmten Techniken den Leser motiviert, die in jedem Text gegebenen Lücken selbst auszufüllen. Solche kreativen Techniken leiten den Leser an, über die im Text gegebenen Informationen bewußt hinaus zu gehen, die im Text enthaltenen Informationen in das eigene schon vorhandene Wissen zu integrieren oder mit Hilfe von Gelesenem Probleme in eigenen Texten zu lesen zu versuchen. Während die vier Methoden aus dem vorherigen Abschnitt eher reproduktiven Charakter besaßen, werden die nun vorzustellenden fünf Lesetechniken eher kreativen Charakter besitzen.

5. Technik: Das sokratische Lesen (SoL)

Nach allgemeiner Ansicht beginnt mit dem Fragen die Philosophie. Man denke an Sokrates.

Sokrates

Sokrates dialektische Hebammenkunst ging davon aus, daß das übliche Wissen nur aus Konventionen besteht und so lange hinterfragt werden muß, bis sich die für den Befragten individuell verbindliche Wahrheit selbst zeigt. (Horster, D.: Das sokratische Gespräch in der Erwachsenenbildung. Hannover 1986, Hadot, P.: Philosophie als Lebensform. Berlin 1991)

Dieses Modell des sokratischen Dialogs läßt sich im sokratischen Lesen auf den Dialog des Lesers mit dem wissenschaftlichen Text übertragen. Der sokratische Leser unterstellt, daß der wissenschaftliche Text aus Konventionen besteht, hinter der der Leser seine eigene Wahrheit finden wird. Der sokratische Leser wird deshalb jeden Begriff, jede Definition, jede Hypothese und jeden Beweis mit „Was ist ...?“, „Was heißt ...?“, „Warum ist ...“ usw. hinterfragen bis alle konkreten Textaussagen, im Durchgang durch das Staunen des Nicht-Wissens, sich in echte allgemeine neue Einsichten verwandeln. Das ist die ideale Form sokratischen Lesens die den erheblichen Mut und Witz des Sokrates erfordert. Wir stellen nun eine einfache Form fragenden Lesens vor, die das sokratische Lesen auf den Weg bringen kann.

Fragetechnik

Die Fragetechnik ist eine wirksame Lesetechnik. Das sokratische Lesen konzentriert sich aber im wesentlichen auf das bohrende Fragen. Wenn Sie mit Fragen deutlich machen, was Sie in einem Text suchen, werden Sie es auch eher finden. Indem Sie den Leseprozeß mit Fragen begleiten, werden Sie nicht nur an der faktischen Textoberfläche bleiben, sondern auch den Text hinterfragen können. Genau auf diese Tiefendimension zielt das sokratische Lesen ab und setzt damit einen gründlichen Unterschied gegenüber der SQ3R-Methode. Die einfachsten Fragen im sokratische Lesen sind die 6-W-Fragen.

6-W-Fragen

Wer? - Wer ist betroffen, wer handelt?
Was? - Um was geht es, was geschieht?
Wie? - Wie soll das geschehen?
Warum? - Was sind die Anlässe und tieferen Ursachen?
Wann? - Zu welcher Zeit hat sich die Sache zugetragen?
Wo? - An welchen sozialen und geographischen Orten fand die Sache statt.

(Groeben, N.: Leserpsychologie. Textverständnis - Textverständlichkeit. Münster 1982, S. 101)

do it your-self

Aufgabe:

Bevor Sie den Text „Licht aus - Spot an" mit den sechs W-Fragen zu Leibe rücken, machen Sie sich einen sechsspaltigten kleinen Fragebogen. Tragen Sie in diesen Fragebogen nach dem Lesen Ihre Lesefrüchte zu den sechs W-Fragen stichwortartig ein. Hier nun der Fragebogen:

Fragebogen

Wer?	Was?	Wie?	Warum?	Wann?	Wo?

(Stichwortartige Antworten aus dem gelesenen Text)

Licht aus – Spot an!

Lampen helfen gegen Stimmungstiefs

Haben Sie manchmal Blei in den Knochen, möchten dem verregneten Sommer eins husten und tragen immerzu Ihre schlechte Laune zur Schau? Dann könnte das entweder ein vorübergehendes Stimmungstief sein oder bei monatelanger Trübsal gar eine ausgewachsene Winterdepression (selbige kann übrigens auch im Sommer auftreten!). Licht in die dunklen Tage bringt – was sonst – eine Therapie, die zwei Psychobiologen namens Dr. Norman Rosenthal und Dr. Thomas Wehr entwickelt haben. Beide fanden heraus, daß Licht in einer bestimmten Stärke Depressionen heilen kann. Mindestens zwei Stunden täglich wird das menschliche Seelendunkel mit Licht aus sogenannten True-Lite-Tageslicht-Röhren bestrahlt. Die Beleuchtungsstärke von etwa 2.500 Lux ist die gleiche, die das Auge an einem Frühlingstag mit einem Blick aus dem Fenster aufnimmt. Schon nach einer Woche fühlten sich Testpatienten wohler. Allerdings nur wenn ihre Augen geöffnet waren, da die antidepressive Wirkung nicht über die Haut erzielt wird. Der Haken an der Erleuchtung: Mit Licht lassen sich nur die Symptome einer Winterderession heilen, nicht aber deren Wur-

zeln. Wird die Behandlung unterbrochen, können Patienten sofort wieder ihrem angestammten Stimmungstief verfallen. Einzige Rettung in dunklen Zeiten: immer in Reichweite einer True-Lite-Tageslicht-Röhre verweilen! (TAZ v. 12.9.93, S. 19)

Fragen im Lernprozeß

Fragen als sokratisches Arbeitsmittel verwandeln den Studenten in ein aktiven und kreativen Leser.

Fragen sind aber auch in den Leseprozeß zu integrieren. Bei drei Phasen des Leseprozesses kann man Startfragen, Begleitfragen und Nachfragen unterscheiden. Auch hierzu eine kleine Tabelle:

Lesephase	Fragentyp
Lesevorbereitung	Startfragen
Lesen	Begleitfragen
Lesenachbereitung	Nachfragen

Aufgabe:

Begleiten Sie das Lesen des folgenden Artikels „Eine Hoffnung zerbröselt" mit Start-, Begleit- und Nachfragen und entwickeln Sie entsprechende Antworten. Bei den **Startfragen** nutzen Sie den Titel des Artikels und formen Sie ihn in eine Frage um. Z.B.:

Aufsatztitel der Fragen

Kann eine Hoffnung zerbröseln?
Was ist eine Hoffnung?
Wer hat Hoffnungen?

Geben Sie nun Ihre Antworten auf diese Fragen. Verwandeln Sie dann auch den Untertitel des Textes in eine Frage und eine entsprechende Antwort. Z.B. Was sind Mineralfasern? Was ist Dämmstoff? Was erregt Krebs? usw.

Bei den **Begleitfragen** während des Leseprozesses gehen Sie so vor:
Verwandeln Sie den ersten und letzten Satz jedes Abschnittes in eine Frage. Suchen Sie sich Schlüsselsätze im Text, formulieren Sie sie am Textrand zu Fragen um, die sie nach dem Lesen beantworten.

Als **Nachfragen** bieten sich dann die sechs W-Fragen als Testfragen an. Offene Fragen am Schluß könnten nach Lükken, Fehlern und offenen Problemen fragen (VOGEL, L.;

LEHMANN, J.: Fundamentals of College Reading. Strategies for Success. Engelwood Cliffs 1993, S. 6-13)

„Mineralfasern: Der Deutschen beliebtester Dämmstoff gilt jetzt offiziell als krebserzeugend

Eine Hoffnung zerbröselt

von Fritz Vorholz

So schnell können Umweltschützer zu Buhmännern werden: Bisher schrieb sich die Dämmstoffbranche die Ökologie auf ihre Fahnen und hoffte, damit auch in Zukunft glänzende Geschäfte zu machen. Als beispielsweise die Manager der Deutschen Rockwool GmbH in der vergangenen Woche ihren Geschäftsbericht präsentierten, machten sie keinen Hehl daraus, daß sie kräftige Umsatzimpulse von der neuen Wärmeschutzverordnung des Bonner Kabinetts erwarten. Die Hoffnung war nicht unbegründet. Denn die Steinwollematten des Gladbecker Unternehmens, hunderttausendfach in Dachstühle genagelt, helfen nicht nur Häuslebauern Heizenergie sparen, sondern auch den Ausstoß des Treibhausgases Kohlendioxid zu verringern – Umweltthema Nummer eins.
Gleichwohl könnte die Freude über den Wachstumsmarkt ein jähes Ende finden. Denn was dem Klima hilft, kann den Menschen krank machen. Stein- und Glaswolle, die meist verwendeten Stoffe zur Wärmeisolierung, gelten seit neuestem als krebserzeugend. Die Mineralfaserbranche – in Deutschland insgesamt neun Unternehmen mit einer Jahresproduktion von knapp vierzehn Millionen Kubikmetern – könnte vor ihrem schwersten Rückschlag stehen.
Jahrelang gelang es der gut organisierten Faserlobby, ihre Produkte vor dem abschreckenden Etikett „kanzerogen" zu schützen. Zwar klassifizierte schon 1981 die Kommission zur Prüfung gesundheitsschädlicher Arbeitsstoffe künstliche Mineralfasern in der Liste der Maximalen Arbeitsplatzkonzentrationen (MAK) als verdächtig Krebs zu erzeugen – ein freilich weitgehend folgenloser Akt, der bis heute Väter, Mütter und Kinder

ungewarnt und ungeschützt mit den Dämmstoffen auf den Dachböden hantieren ließ. Dabei verglich bereits 1982 eine skandinavische Forschergruppe Mineralwolle mit dem Killerstoff Asbest, „vermutete" der Sachverständigenrat für Umweltfragen schon 1987 „krebserzeugende Wirkungen" und schlug schließlich im Oktober 1990 eine Arbeitsgruppe der MAK-Kommission vor, Mineralfasern in die Gruppe III A 2 der krebserzeugenden Arbeitsstoffe aufzunehmen: „Im Tierversuch ... eindeutig als krebserzeugend erwiesen."
Folge: Die Hersteller bombardierten die Experten mit Gegenbeweisen, die Ihnen freilich nur eine Gnadenfrist bescherten. Nach fast drei Jahren der Prüfung soll es nun dabei bleiben: Die neueste MAK-Liste stuft Mineralfasern als krebserzeugend ein – ein Ergebnis, zu dem auch eine Arbeitsgruppe von Experten des Bundesgesundheitsamtes, der Bundesanstalt für Arbeitsschutz und das Umweltbundesamt kam. Danach „übertrifft" die kanzerogene Potenz von Keramikfasern, die allerdings nur in der Hochtemperaturisolierung Verwendung finden, sogar die von Asbest, während bei den weitverbreiteten Glas- und Steinwollefasern „von einer höchstens gleichen, wahrscheinlich aber geringeren Potenz ausgegangen werden kann".
Mit dem alarmierenden Befund will sich die Fachvereinigung Mineralfaserindustrie, die schon vor zwei Jahren mit ganzseitigen Zeitungsanzeigen gegen eine angebliche „Medienkampagne gegen Mineralwolldämmstoffe" zu Felde zog, nicht abfinden. Ihr Einwand, damals wie heute: Die Ergebnisse aus den Tierversuchen seien nicht auf den Menschen übertragbar, da die Versuchstiere die feinen Fasern nicht etwa eingeatmet hätten, sie ihnen vielmehr injiziert worden seien. Der Vergleich mit dem Horrormaterial Asbest sei daher schlicht „falsch". Mit einer neuen Serie von Anzeigen soll nun die „völlig ungerechtfertigte Verunsicherung der Verbraucher" behoben werden.
In der Tat können sich die Toxikologen nur für Keramikfasern auf Inhalationsversuche mit positivem Ergebnis berufen – überraschend genug, denn aus physikalischen Gründen mußte die Konzentration in dem Aerosol, das die Laborratten atmeten, so niedrig bleiben, daß

die Wissenschaftler den Nachweis eines kanzerogenen Potentials gar nicht erwartet hatten. Weil die Ratten trotzdem erkrankten, gelten Keramikfasern als besonders starke Krebsauslöser. Der Glas- und Steinwollestaub, den die Versuchstiere atmeten, verursachte dagegen erwartungsgemäß keine Tumore. Deshalb spritzten die Forscher den Versuchstieren die Fasern direkt ins Brustfell. Die mit dieser Behelfsmethode ermittelten Befunde werden freilich auch bei der Einstufung der Fasern deutlich gemacht: Glas- und Steinwolle werden in der MAK-Liste so eingestuft, „als ob" sie sich im Tierversuch unter Bedingungen, die der Exponierung des Menschen vergleichbar sind oder aus denen Vergleichbarkeit abgeleitet werden kann, als krebserzeugend erwiesen hätten.

Die wissenschaftliche Windung dürfte freilich nur von geringer Bedeutung sein, wenn es gilt, Konsequenzen aus der Kanzerogenität von Mineralfasern zu ziehen. Zwar raten die Experten eindringlich davon ab, bereits eingebaute Dämmstoffe jetzt wieder aus den Dächern herauszureißen; dabei dürfte mehr Unheil angerichtet werden, zumal wenn das Material fachgerecht installiert wurde. Wer aber in Zukunft Faserplatten kauft, könnte sich unversehens mit dem Aufdruck „Kann Krebs erzeugen" konfrontiert sehen – eine Kennzeichnungspflicht laut Gefahrenstoffverordnung. Denkbar wäre aber auch, daß der Dämmstoff an Heimwerker gar nicht mehr verkauft werden darf. Da es nach der herrschenden Philosophie bei krebserzeugenden Stoffen keine unbedenklichen Schwellenwerte gibt, ist schließlich sogar ein Verbot von Mineralfasern nicht auszuschließen – wie bei Asbest, das zeitlich befristet nur noch für bestimmte Zwecke verwendet werden darf.

Der Klimaschutz müßte deshalb nicht auf der Strecke bleiben. Doch welche Ersatzstoffe wirklich empfehlenswert sind, will das Umweltbundesamt jetzt erst einmal untersuchen."

(DIE ZEIT, Nr. 38, v. 17.9.1993, S. 35)

T

6. Technik: Das rhetorische Lesen (RL)

Die Rhetorik war in der Antike die Kunst der Rede. Mit der Verbreitung der Schrift, der Ausdehnung der Fähigkeit des Lesens der Bibel wird die Rhetorik seit dem heiligen Augustinus zu einer Rhetorik des Schreibens und Lesens. „*Die Redekunst verwandelte sich in ein Schriftkunst, wie es letztlich der Verlagerung von einer vorwiegend mündlichen zu einer vorwiegend schriftlichen Kultur entsprach.*“ (Göttert, U.H.: Einführung in die Rhetorik. München 1991. S. 139) Beim heiligen Augustinus finden Sie schon die Ansätze einer Rhetorik des Lesens (Meinberger, G.K.: Rhetorica I - Reden mit Vernunft. Aristoteles, Cicero, Augustinus. Suttgart 1987. S. 350 ff) Augustinus forderte einen Leselehrer, der „seine Schüler dazu anleitet, mit Hilfe rhetorischer Regeln das Verborgene zu enthüllen und auf dem rhetorisch aufgezeigten Weg zur Wahrheit zu gelangen.“ (Göttert, K.H. a.a.O. S. 30)

Augustinus‘ Leselehrer

Die Idee der antiken Rhetorik, daß das Schreiben und der Text durch Topoi (= Urbilder), Metaphern (= Denkbildern) und Gemeinplätze (Loci communis) gesteuert wird und diese auch beim Lesen und Verstehen von Texten eine große Rolle spielen, wird heute durch die moderne Rhetorik aufgegriffen und ausgebaut. Hans Blumenberg entwickelt in seinem Werk „Die Lesbarkeit der Welt“, Frankfurt 1986, die These, daß die Substruktur des Denkens durch Bilder, Metaphern und Gemeinplätze gesteuert wird, die schließlich das Schreiben und Lesen unhinterfragbar determinieren und lenken. Obwohl sich diese starren Urbilder im Laufe der Geschichte wandeln und auch begriffliche Qualität annehmen können, müssen sie als Grundbausteine des Schreibens und Lesens gelten. Rhetorisches Lesen geht deshalb davon aus, daß es beim Lesen nicht um die Aufdeckung eines hinter den Zeilen stehenden Sinnes geht, sondern um die Enthüllung, welche metaphorischen Bilder oder Topoi Bilder das Spiel der Worte auf der Textoberfläche determinieren. (vgl. Mann, P. de: Allegorien des Lesens. Frankfurt 1988)

Die Lesbarkeit der Welt

In der Geschichte der Rhetorik lassen sich drei Lesetechniken finden, mit denen der Leseprozeß sich kreativ steuern läßt:

- Lesen nach Personalkategorien
- Lesen nach Sachkategorien
- Lesen nach Gliederungskategorien

Die Rhetorik hat diese Kategorien in ihrer Lehre von den 5 Produktionsabschnitten der Rede und des Schreibens entwikkelt. So finden sich die Anwendung der Personal- und Sachkategorien in der Phase 1: Erfindung der Gedanken (inventio), die Gliederungskategorien in der Phase 2: Gliederung der Gedanken (Dispositio). (Über die 5 Produktionsabschnitte: Inventio, dispositio, elocutio, memoria, actio der klassischen Rhetorik, die uns hier nur in der Phase 1 und 2 interessieren, kann man mehr finden bei PLETT, H. F.: Einführung in die rhetorische Textanalyse, Hamburg 1991, S. 12 ff. und UEDING, G.: Rhetorik des Schreibens, Königstein 1985, S. 29). Die von der Rhetorik entwickelten Personal- Sach- und Gliederungskategorien können dem Leser helfen, die Strukturen zu erschließen, die wissenschaftliche Texte bestimmen. Sie können damit auch sehr gut anleiten, wissenschaftliche Texte unter Berücksichtigung dieser Kategorien und Urbilder zu schreiben und zu strukturieren. (vgl. WERDER, L.v.: Lehrbuch des wissenschaftlichen Schreibens. Milow, Berlin 1993, S. 237 ff.)

Fünf Produktionsschritte der Rede

Als **Suchkategorien für eine Person** werden in der Rhetorik folgende Begriffe genannt:

Rhetorisches Lesen mit Suchkategorien für eine Person

Name:
Abstammung:
Nationalität:
Geschlecht:
Alter:
Kindheit:
Erziehung:
Ausbildung:
Körperbeschaffenheit:
Schicksal:
soziale Stellung:
Charakter:
Beruf:
Neigung:
Hobby:
wissenschaftliche oder poetische Leistungen:

(UEDING, G.: a.a.O., S. 38-46)

do it your-self

Aufgabe:

Lesen Sie zuerst die kleine Portraitskizze über den kürzlich verstorbenen Johann Jørgen Holst, den norwegischen Architekten des Gazah-Jericho-Friedens zwischen Israel und der PLO. Nehmen Sie dann den folgenden Arbeitsbogen: „Suchkategorien zur Person“ vor und füllen Sie die Kategorien stichwortartig aus. Stellen Sie mit Pfeilen Beziehungen zwischen den Kategorien her. Formulieren Sie dann einige Sätze über Holst und reflektieren Sie die Resultate Ihres rhetorischen Lesens.

„JOHAN JØRGEN HOLST

Er hat oft im internationalen Scheinwerferlicht gestanden. Als Politiker, Forscher, Direktor des Außenpolitischen Instituts. Doch nie zuvor war J.J. Holsts Triumph so groß wie letzten Freitag, als er an der Seite von Israels Präsident Jitzhak Rabin die Weltöffentlichkeit über die gegenseitige Anerkennung Israels und der PLO informieren konnte. Er hat als Vermittler und Gastgeber dazu beigetragen, daß einer der blutigsten und unversöhnlichsten Konflikte der Nachkriegszeit einer Lösung näher kam. „Das war erst der Anfang“, meinte Holst. Er hoffe auch den weiteren Weg zur Lösung des Konflikts fördern zu können. Daß Norwegen eine so zentrale Rolle im Friedensprozeß spielen konnte, war den gleichsam guten Kontakten der „Arbeiterpartei“ zu ihrer Schwesterpartei in Israel und zur PLO geschuldet. Arafat war Gast vieler norwegischer SpitzenpolitikerInnen, und der israelische Geheimdienst Mossad hatte seit Jahren auffallend gute Beziehungen nach Oslo. Holst und sein Amtsvorgänger, Thorvald Stoltenberg, mittlerweile Friedensmakler in Ex-Jogoslawien, verstanden es, eine glaubwürdige Vermittlerrolle zu spielen. Der eigentliche Diplomat sei jedoch Edvard gewesen, versichert Papa Johan. Sein 4jähriger Sohn habe immer wieder das Eis gebrochen, wenn er in schwierigen Verhandlungssituationen die Delegationen zu sich nach Hause geladen habe. Überhaupt Edvard: Der 55jährige Holst war in seiner Zeit als Verteidigungsminister das erste männliche Regierungsmitglied, der das Recht auf Vaterschaftsurlaub beanspruchte. Konservative Medien dachten

darüber nach, ob so einer der richtige Mann für das Amt sei. Aus anderen Gründen hat auch das Parlament Ärger mit dem Herrn Minister. Er macht gerne Alleingänge. So verhandelte er kürzlich mit Moskau über gemeinsame Truppenmanöver, und das Parlament erfuhr erst aus der Presse davon. „Die Arroganz in Person" sagen Freunde und Gegner über ihn. Als einer der Top-Politiker der „Arbeiterpartei" ist Holst als Nachfolger von Regierungs- und Parteichefin Gro Harlem Brundtland im Gespräch. Zunächst einmal dürfte sein internationaler Erfolg dazu beitragen, seiner Partei bei den heutigen Parlamentswahlen ein gutes Resultat zu sichern.
Reinhard Wolff" (TAZ, v. 13.9.1993, S. 11)

Füllen Sie nun den folgenden Arbeitsbogen mit den **Suchkategorien** für das Lesen eines Textes **über eine Person** bzw. einen Wissenschaftler aus:

Name des Wissenschaftlers bzw. der Person:	
Abstammung:	
Nationalität:	
Geschlecht:	
Alter:	
Kindheit:	
Erziehung/Ausbildung:	
Körperbeschaffenheit:	
Schicksal:	
Soziale Stellung:	
Charakter:	
Beruf:	
Neigung/Hobbys:	
Wissenschaftliche Leistungen bzw. gesellschaftliche Leistungen:	

Schreiben Sie mit Hilfe Ihrer Eintragungen einen eigenen Text über Minister Holst.

Rhetorisches Lesen mit Suchkategorien einer Sache

Als **Suchkategorien für eine Sache** gibt die Rhetorik folgende Begriffe und Urbilder an:

Thema:
Ursache:
Ort:
Zeit:
Art und Weise:
Möglichkeiten:
Definition:
Ähnlichkeiten:
Vergleich:
fingierte Annahme:
Umstände:
Interdisziplinäre Aspekte:

(Ueding, G.: a.a.O., S. 46-55)

do it yourself

Aufgabe:

Lesen Sie zuerst den folgenden Text: „Astralreise im Krankenhaus“.
Nehmen Sie sich dann den Arbeitsbogen „Suchkategorien zur Sache“ vor. Füllen Sie die Kategorien stichwortartig aus. Stellen Sie auch hier mit Pfeilen Beziehungen zwischen den Kategorien her. Schreiben Sie dann einen Text über „Astralreisen“ und reflektieren Sie danachdie Resultate des rhetorischen Lesens mit Hilfe der Suchkategorien der Sache.

„Astralreise“ im Krankenhaus

Dem Tode nahe, soll eine 50jährige Amerikanerin in einem Krankenhaus in Seattle ihren Körper verlassen haben: Eine „unmögliche“ Wahrnehmung scheint dafür zu sprechen. Nachdem die Assistenzärztin Kimberley Clark-Sharp einen Notruf ans Krankenbett von Maria erhalten hatte (nur der Vorname der Patientin wurde bekannt), mußte sie einen Herzstillstand feststellen. „Auch die Atmung hatte bereits ausgesetzt“, so die Ärztin. Im letzten Moment konnte Maria wiederbelebt werden. Kaum zu sich gekommen, erzählte sie, sie habe ihren Körper verlassen und sei an der Zimmerdecke geschwebt, von wo aus sie dem Klinikpersonal bei seinen Bemühungen zugesehen habe. In allen Einzelheiten schilderte die Patientin Art und Abfolge der ärztlichen Maßnahmen. Dann will Maria „zum Fenster hinausgesehen" haben, „nach unten auf den Parkplatz": Zum Beweis schilderte sie, Autos welcher Marken und Farben nacheinander parkten oder wegfuhren. Dann sei sie „nach draußen geschwebt, an mehreren Stockwerken entlang". Dabei habe sie „auf der dritten Etage einen Tennisschuh auf dem Fenstersims liegen" sehen; er sei „blau" gewesen. Ungläubig prüfte die Ärztin nach: Tatsächlich fand sie im angegebenen Stockwerk einen blauen Tennisschuh auf einem Fenstersims. „Mir blieb keine andere Wahl, als dieser Frau Glauben zu schenken", erklärte Kimberley Clark-Sharp in einem Interview mit dem britischen Fernsehsender BBC 2, der Marias „außerkörperliche Erfahrung" jetzt in seiner Dokumentarreihe „In Search of the Dead" („Den Toten auf der Spur") vorstellte. „Denn die betreffende Etage hat Maria mit Sicherheit nie betreten, seit sie bei uns eingeliefert worden war. Also muß sie ihren Körper verlassen haben. Denn der war, nach ärztlichen Kriterien, klinisch tot gewesen, während Maria ihre Beobachtungen machte."

Das Gefühl, außerhalb des eigenen Körpers zu sein, erleben Krankenhauspatienten erstaunlich häufig: Fast jeder Zehnte berichtet von mindestens einer „außerkörperlichen Erfahrung" (engl. OBE; out of the body-experience) während eines stationären Klinikaufenthalts. Das fand die amerikanische Ärztin Dr. Melodie Olsen, außerordentliche Professorin an der Medical University von South Carolina in Charleston, als sie 200 zufällig ausgewählte Patienten der angeschlossenen Uniklinik befragte Von den 109 Frauen und 9l Männern erinnerten sich 31 (15,5 Prozent), sie hätten mindestens einmal schon in ihrem Leben den Eindruck gehabt, ihr Bewußtsein verlasse ihren Körper; 17 von ihnen (8,5 Prozent) wollen dies während des momentanen oder eines früheren Klinikaufenthalts erlebt haben. „Wenn OBEs derart häufig vorkommen, muß das Pflegepersonal auf sie stärker eingehen als bislang üblich" meint Dr. Olsen. „Das schließt ein, solche

Erlebnisse als eigenständiges Phänomen ernst zu nehmen, anstatt sie mit gängigen Erklärungsmustern abzutun „Denn:

• Anders als bei Halluzinationen oder einer schizophrenen Auflösung von Körpergrenzen ..scheint die geistige Verfassung eines OBE-Erfahrenen vollkommen intakt", so die Ärztin.

• Im Unterschied zur Depersonalisation werde eine außerkörperliche Erfahrung „kaum je von starker Angst begleitet im Gegenteil, sie beruhigt und erfüllt".

• Ebensowenig sei sie im allgemeinen als bloßer „Traum" abzutun. Denn OBEs „sind nicht nur wesentlich realistischer und lebhafter als Träume - häufig treten sie auch im Wachzustand auf". (Siehe dazu auch Psychologie Heute 6/1993: „Das Jenseits in uns") Verifizierbare Angaben, die schwerlich anders als durch außersinnliche Wahrnehmungen erklärbar sind. können OBE-Erfahrene allerdings nur selten machen. Insofern bleibt Maria aus Seattle ein bemerkenswerter Einzelfall. Harald Wiesendanger (PSYCHOLOGIE HEUTE, Sept. 1993, H. 9, S. 17f.)

Füllen Sie nun den folgenden Arbeitsbogen mit den **sachlichen Suchkategorien** für das Lesen eines wissenschaftlichen Textes aus:

Thema:	
Ursache:	
Ort:	
Zeit:	
Art und Weise:	
Möglichkeiten:	
Definitionen:	
Ähnlichkeiten:	
Vergleich:	
Fingierte Annahme:	
Umstände:	
Interdisziplinäre Aspekte:	

Schreiben Sie nun Ihren eigenen Text über „Astralreisen".

Rhetorisches Lesen mit Suchkategorien der Gliederung

Als einfache Suchkategorien der Gliederung eines Textes nennt schon Aristoteles die Drei-Gliederung: Einleitung, Hauptteil, Schluß. (ARISTOTELES: Rhetorik. München 1993, S. 203)

Einleitung

Aristoteles identifiziert für die Einleitung folgende Elemente:

Lob,
Tadel,
Mahnung,
Appell an den Zuhörer bzw. Leser,
(ARISTOTELES a.a.O, S. 205)

Schluß

Beim Schluß sieht Aristoteles folgende Aspekte:
Abwehr der Gegner,
Unterstützung der eigenen Meinung,
Aufführen aller Argumente, die für die eigene Meinung sich finden lassen,
emotioneller Appell an die Zuhörer bzw. Leser,
abschließende Zusammenfassung.
(ARISTOTELES a.a.O., S. 223)

Die Drei-Gliederung kann sich auf mehr als drei Teile erweitern, wenn der Hauptteil noch mehrere wichtige Unterteile enthält.
(UEDING, G.: a.a.O., S. 55-58)

do it your-self

Übung:

Lesen Sie die folgenden drei kleinen Texte, dann stellen Sie fest, welche Elemente nach Aristoteles die Einleitung und der Schluß dieser Kurztexte enthält.

„Gespenstische Bettgeschichten

So kann Frauenforschung auch aussehen: Der Psychologe Richard Coss von der University of California hat festgestellt, daß mehr Mädchen als Jungen sich nachts vor Gespenstern unter dem Bett fürchten. Coss, so das britische Wissenschaftsmagazin New Scientist (Heft 1888. S. 9), führt dieses Phänomen allen Ernstes auf eine prähistorische Furcht vor am Boden lauernden Gefahren zurück. Nach Ansicht von Coss verbrachten unsere weiblichen Vorfahren mehr Zeit als die Männer in den Bäumen. Auf dem Spielplatz hat sich da bis heute wenig geändert. Der Frauenforscher stellte fest, daß Mädchen länger auf den Klettergeräten turnen als Buben. Mit folgendem Experiment plant Coss seiner These den letzten Schliff zu geben: In einer künstlichen Urlandschaft mit Höhlen und Bäumen will er Kinder spielen lassen und sie dann befragen, wohin sie bei Gefahr flüchten würden.

Falsches Spiel mit echten Steinen

Manchmal beflügeln falsche Ergebnisse Wissenschaftler so sehr, daß sie dadurch zu echten Entdeckungen kommen. Nicht immer geben sie das hinterher zu. Ein amerikanisches Forscherteam hat jetzt seine Beichte abgelegt: Die Wissenschaftler verdanken die Methode, Diamanten künstlich zu erzeugen, einem Irrtum (Nature Band 365, S. 19). Ihr vermeintlich erstes Werk, der sogenannte „run 151"-Diamant, ist in Wirklichkeit der Splitter eines echten Diamanten. Die Forscher hatten das Steinchen nach einem Experiment 1955 entdeckt und hielten es für ihre Schöpfung. Begeistert setzten sie die Versuche fort - mit Erfolg. Auf ihren späteren Ergebnissen baut die heutige Produktion synthetischer Diamanten auf.

Clevere Krankheitserreger

Bakterien, Viren und Pilze versuchen ständig, die Abwehrmechanismen von Tieren und Pflanzen zu umgehen. Jetzt sind Biologen einem Pilz auf die Schliche gekommen, der die Knospen einer infizierten Wirtspflanze verklebt und ihr so die Fähigkeit zur sexuellen Fortpflanzung raubt (Science, Band 261, S. 1116). Biologisch gesehen ist Sex vor allem dazu da, evolutionäre Vorteile innerhalb einer Art zu verbreiten. Vom Pilz befallen, kann sich die Pflanze aber nur noch mit selbstbefruchteten, ebenfalls infizierten Samen fortpflanzen. Sie ist dem Einfluß der Evolution entzogen - ihre Nachkommen können deshalb keine Resistenz gegen den Pilz entwickeln."

(Die Zeit, Nr. 38 , v. 17.9.93, S. 45)

Rhetorische Gliederungsmuster ganzer Texte

Allerdings lassen sich für größere wissenschaftliche Texte die Gliederungs-Suchkategorien für Einleitung, Hauptteil und Schluß erheblich erweitern. Sehen wir uns die möglichen Typen von Einleitungen, Hauptteilen und Schlüssen von wissenschaftlichen Texten, wie sie die moderne Rhetorik entwickelt hat, genauer an:

Typen von Anfängen

Typen von Anfängen:

Feststellung

Der Anfang eines Textes kann aus einer **Feststellung** bestehen.

„Die Ökonomie war am Ende... „

„Damals als der Streit zwischen Sensualisten und Nominalisten entbrannte... „

Beschreibung

Am Anfang kann aber auch eine **Beschreibung** plaziert werden:

„Es ist schon ein paar Jahre her, als der Wissenschaftler XYZ folgende Entdeckung machte..."

Anekdote

Man kann am Anfang aber auch eine **Anekdote** oder eine kleine Geschichte erzählen:

„Als Einstein eines Morgens erwachte ...."

Frage

Ein wissenschaftlicher Text kann auch mit einer **Frage** oder mit mehreren Fragen anfangen:

„Wie kam es zur Entdeckung der Psychoanalyse?"

„Betrachten wir die bisherigen Ursprungstheorien. Welche Faktoren erkennen wir und welche Modelle?"

Historische Fakten

Schließlich gibt es aber auch den **historischen Anfang**:

„Man schrieb das Jahr 1848, als Friedrich Engels..."

(Fench, T.: Writing Solutions. Beginnigs, Middles, Endings. Hillsdale 1989, S. 6-72)

Typen von Hauptteilen

Typen von Hauptteilen:

Für die Gliederung des Hauptteils hat die Rhetorik wenigstens 9 Ordnungsstrategien entdeckt, die in manchen wissenschaftlichen Texten auch noch kombiniert werden. (Blum, J. u.a.: A Guide to the Whole Writing Process, Boston 1988, S. 53-67)

Unsere Graphik gibt einen Überblick über diese Strategien:

Ordnungsstrategien	Ordnungsprinzipien des Hauptteils
1. Vom Allgemeinen zum Besonderen	Ordnen Sie Ihre Gliederung von einem allgemeinen Gesichtspunkt, dem Sie alles Besondere subsumieren
2. Vom Besonderen zum Allgemeinen	Ordnen Sie besondere Details, Fakten und Beispiele Ihres Themas auf einen allgemeinen Gesichtspunkt
3. Nach dem Gefühl	Beginnen Sie mit dem weniger Wichtigen und steigern Sie sich bis zum Wichtigsten
4. Nach der Zeit	Beginnen Sie mit dem Ältesten und schließen Sie mit dem Neuesten
5. Ursachen/Wirkungen	Beginnen Sie mit den Ursachen und kommen Sie dann zu den Wirkungen (und umgekehrt)
6. Gleichheit/Unterschiede	Ordnen Sie nach Gleichheiten und Unterschieden
7. Wechsel	Ordnen Sie, indem Sie den Wandel aufzeigen
8. Ganzes und Teile	Ordnen Sie nach den Beziehungen der Teile zum Ganzen
9. Systematisch	Ordnen Sie nach logischen Prinzipien

Typen von Schlüssen

Typen von Schlüssen:

Am Schluß eines wissenschaftlichen Textes kann eine Zusammenfassung stehen:
„Der Schreiber konfrontiert sich noch einmal mit seinem Thema und beendet seinen Text mit einer klaren Zusammenfassung.“ (Fench, T., a.a.O., S. 113)

Persönliches Statement

Wenn der Schreiber in seinem Text in der ersten Person singular gesprochen hat, kann er auch am Schluß ein persönliches Statement schreiben. Hat der Schreiber seine Leser mit Sie angesprochen, ist auch am Ende die direkte Ansprache seiner Leser möglich.

Frage

Eine gute Frage kann einen Text einleiten. Sie kann aber auch am Schluß eines Textes stehen. Eine Frage am Schluß wird den Leser motivieren, *„über den Artikel weiter nachzudenken.“* (Fench, T., a.a.O. S. 119).

Kommentar

Am Schluß kann der Schreiber schließlich einen Kommentar zu seinen bisher vorgetragenen Forschungsergebnissen formulieren.

Gefühle

Auch in den Wissenschaften spielen Emotionen eine Rolle, so kann der Schreiber in einem emotionellen Schluß an die Freuden, Ängste, Sorgen und Schuldgefühle seiner Leser appellieren. (Fench, T. a.a.O., S. 124)

Aufgabe:

Lesen Sie den Text „Die Macht der männlichen Steinzeit-Seele“ und stellen Sie fest, welche rhetorische Typik der Anfang, der Hauptteil, der Schlußteil dieser Buchbesprechung besitzt.

„Die Macht der männlichen Steinzeit-Seele

Der Geist war willig, das Fleisch blieb schwach: Zwanzig Jahre Männerbewegung haben im Kopf des Mannes wenig bewegt. Seine Psyche erwies sich als schwerfällig, beinahe resistent gegen neue Ideen. Wochenend-Seminare, bei dem ein Dutzend Mannsbilder den „wilden Mann“ markierten, endeten ebenso kläglich wie das Softy-Ideal des entschärften Mannes. Sie stärkten nur den Kritikern den Rücken; der Mann blieb im Ruf des unangepaßten Wesens, des schwer erziehbaren Enfant terrible.

Entschieden, aber verständnisvoll bestätigt der amerikanische Psychoanalytiker Willard Gaylin dieses Urteil: Die Gefühlswelt des Mannes paßt nicht in die Gegenwart, ihre Struktur stammt buchstäblich aus der Steinzeit. Einer kompliziert-rationalen Welt ist die Männer-Seele nicht mehr gewachsen, der Mann im Mann reagiert unberechenbar und riskant.

Mehr noch: Er fühlt sich mit seiner Männerseele im ausgehenden 20. Jahrhundert schlecht aufgehoben. Was die antiquierte Männer-Seele wie Luft zum Atmen braucht Stolz – echte Herausforderung, Anerkennung - bleibt ihr vorbehalten.

Die traditionellen Männer-Rollen des Beschützers, Versorgers und Familiengründers haben an Prestige verloren. Zu Recht fragt niemand mehr nach Kriegern

und Jägern. Und dennoch - oder gerade deswegen: Die verhaltensbiologisch angelegten Gefühlsmuster weisen dem Mann auch nach zehntausend Jahren noch den Weg durchs Leben. In der Frühzeit sinnvoll und überlebensnotwendig, heute gefährlicher, zugleich versiegender Quell männlicher Selbstachtung und Bestätigung - die unzeitgemäße Männlichkeit hält ihn gefangen. Arbeit, Potenz und Streitbarkeit galten jahrtausendelang als männlich. Diese Stützen tragen nicht mehr die Last des männlichen Egos. Fließbandarbeit und Schreibtischposten ersticken den Stolz auf ein eigenes Werk häufig im Keim, Männertugenden wie Tapferkeit und Wagemut sind hier fehl am Platz. Seitdem sich die Frau emanzipiert hat, büßte die Potenz an Ansehen und Macht ein. Lebensbedrohlich wird die Kampfbereitschaft: Auf der Autobahn mit „männlicher Wut" zu reagieren kann Kopf und Kragen kosten. Die „Steinzeitseele" im Mann mißversteht vermeintliche oder echte Demütigung, Zurücksetzung und Kritik als Kampfansage. Blind gräbt sie das Kriegsbeil aus - und hat wenig Chance, als Sieger aus dem Kampf hervorzugehen.
Verunsichert treten die Männer die Flucht nach vorne an, klammern sich verzweifelt an die wenigen Überreste der Rituale und beweisen in symbolischen Kraftproben unentwegt den Mann in sich. Willard Gaylin: „Die Kultur, die wir uns geschaffen haben, kennt keine Ubergangsriten, keine Marksteine, keine klar definierten Ziele, keine garantiertes Lob, keine sicheren Häfen für das männliche Ego. Die Sicherung und Pflege des männlichen Egos ist ein ständiger Aufbauprozeß, eine moderne Sisyphusarbeit ohne Ende."
Autos, Frauen, Diplome und Scheckkarten halten als Ersatzsymbole der Mannhaftigkeit her; Geld, Sexualität und Sport werden zur täglichen Nahrung des Selbstvertrauens und „Männer-Stolzes". Doch Notbehelfe lösen nicht die Probleme des verfallenden Männerprestiges. Sie treiben tiefer in die Männlichkeitskonflikte. Heute strecken viele Männer irgendwann erschöpft die Waffen. dann schlagen die Versagensängste in Depressionen um. Fast alles haben sie in ihre Männlichkeit investiert und selten das gewonnen. wonach sie sich sehnten - ein Mann zu sein.

Gaylin mag die Macht der männlichen Steinzeit-Seele überschätzen. Sein Fazit aber sollte zum Rüstzeug zur Diskussion um den Mann von heute gehören: Jeder Neuanfang, der das auch biologisch verwurzelte Selbstverständnis der Männer leugnet und nicht zu befriedigen weiß, läuft ins Leere. Wer über den Mann spricht. darf sich über die Männlichkeit nicht hinwegsetzen."

Oliver Steeger

(PSYCHOLOGIE HEUTE, Sept. 1993, H. 9, S. 76f.)

Notieren Sie nun die rhetorischen Muster, die den Anfang, den Hauptteil und den Schluß dieses Artikels prägen.

T

7. Technik: Kritisches Lesen (KriL)

„Eine gute allgemeine Lesekompetenz umfaßt noch nicht automatisch die Fähigkeit zum kritischen Lesen. Kritisches Lesen muß spezifisch gelernt und gelehrt werden. Auch die Übertragung des kritischen Lesens von einem Text, bzw. einer Textkategorie auf andere Texte, andere Probleme, geschieht nicht von selbst." (GROEBEN, N.: Leserpsychologie, Textverständnis - Textverständlichkeit, Münster 1982, S. 122)

Kritisches Lesen geht wie das sokratische und rhetorische Lesen von bestimmten Theorien aus, die das Lesen über die bloße Textrezeption hinausführen. Wenn das rhetorische Lesen auf die Existenz von Urbildern (Topoi) und Urstrukturen (Textgliederung) zurückgreift, unterstellt das kritische Lesen, daß jeder wissenschaftliche Text nach der Wissenssoziologie von der Gesellschaft und nach der Psychoanalyse vom Unbewußten bestimmt wird.

Wissensoziologische Texttheorie

Die Wissenssoziologie von MARX über M. SCHELER, K. MANNHEIM bis zu R. K. MERTON haben *„erstens die soziale Genese des Denkens, zweitens seine gesellschaftliche Funktion und drittens seine gesellschaftliche Macht und Verbreitung thematisiert."* (KRÜGER, M.: Wissenssoziologie, Stuttgart 1981, S. 26).

Psychoanalytische Texttheorie

Die Psychoanalyse FREUDS unterstellt, daß jeder wissenschaftliche Text ein Kompromiß der rationalen Anforderungen des Über-Ichs mit dem biographisch und kollektiv geprägten Gefühlen des Unbewußten ist. (GROEBEN, N.: Literaturpsychologie, Stuttgart 1972).

Kritisches Lesen wird also wissenschaftliche Texte in bezug auf ihre gesellschaftlichen oder unbewußten Anteile kritisch hinterfragen.

Hermeneutischen Zirkel

Kritisches Lesen bewegt sich methodisch im hermeneutischen Zirkel. *„Längst hat uns die Hermeneutik gelehrt, daß wir das Ganze aus dem Einzelnen, das Einzelne aus dem Ganzen verstehen. Das ist der hermeneutische Zirkel, von dem wir nicht mehr sagen, daß er an sich virituos sei. Wir wissen aus Heideggers Ontologie, daß alles menschliche Erkennen sich auf diese Weise abspielt. Auch die Physik und die Mathematik vermag nicht anders vorzugehen.*" (STAIGER, E.: Die Kunst der Interpretation, Zürich 1955, S. 12)

Beim gesellschaftskritischen Lesen gehen wir also davon aus, daß der einzelne Text als Zeichen der bestehenden

Gesellschaft zu verstehen ist und daß der einzelne Text das Ganze der Gesellschaft durchscheinen läßt. Beim psychoanalytischen, kritischen Lesen unterstellen wir, daß der einzelne Text vom biographische Unbewußten geprägt ist und daß das kollektive Unbewußte den einzelnen Text bestimmt. Methodisch ergeben sich für das kritische Lesen in gesellschaftskritischer oder psychoanalytischer Hinsicht jeweils drei Schritte: Lesevorbereitung, Lesen, Lesenachbereitung.

Drei Schritte des kritischen Leseprozesses

Erster Schritt: Lesevorbereitung
Festlegung der eigenen gesellschaftskritischen oder psychoanalytischen Prämissen des kritischen Textverständnisses.

Zweiter Schritt: Lesen
Lesen des Textes. Feststellung gesellschaftskritischer Abhängigkeit der Textautoren vom Gesellschaftsbild, sozialer Schichtlage usw., oder Feststellung psychoanalytischer Bestimmung der Textautoren durch seine Familienkonflikte, Triebkomplexe oder Charakterstrukturen.

Dritter Schritt: Lesenachbereitung
Sammlung und Fixierung der Leseerkenntnisse. Beim kritischen Lesen ist nun die Zuordnung des Textautoren zu bestimmten Gesellschaftsbildern, z.B. Oberschichts-, Mittelschichts- oder Unterschichtsgesellschaftsbild möglich. Beim psychoanalytischen Lesen werden alle freien Einfälle zum Unbewußten des Textautoren gesammelt und vielleicht einem bestimmten Charaktertyp zugeordnet, z.B. oraler, analer, phallisch-genitaler Charakter.

Aufgabe:

Lesen Sie den folgenden Artikel „Aktion Gemeinsinn“. Füllen Sie nach dem Lesen die folgenden Arbeitsbögen aus. Fixieren sie die Früchte Ihres kritischen Lesens im einem gesellschaftskritischen und in einem psychoanalytischen Kommentar zum gelesenen Text.

„Aktion Gemeinsinn

Mit Herzenslust und dem ihm eigenen Hang zur knackig formulierten Beleidigung pflegte der Wirtschaftstheoretiker Northcote Parkinson („Parkinsons Gesetz") zeitlebens zweierlei Berufsstände zu quälen: den der Ökonomen und den der Psychologen. Wirtschaftswissenschaftler, so liebte Professor Parkinson zu sticheln, hätten „ungefähr soviel Moral wie ein Beagle am Freßnapf"; noch lauter scholl das Empörgeschrei, als er den Seelenkundlern „einen Intelligenzquotienten nahe dem eines Cockerspaniels" testierte – denn beleidigt fühlten sich damit auch die Gefolgsmenschen der beiden Hunderassen (deren eine so verfressen ist wie die andere blöde).

War es die Angst der Ökonomen, der Schmäher von der Briteninsel könne mit seiner Moralthese der Wahrheit näher sein als liebsam? Oder war es die Furcht der Psychologen vor weiteren Kränkungen, die den ansonsten so emsigen Erkundungsfleiß der Gelehrten lähmte? Erst vor kurzem jedenfalls, nachdem ein Herzinfarkt das Schandmaul im März dieses Jahres für immer geschlossen hatte, begann ein Professoren-Trio der amerikanischen Cornell University sich eingehender mit Parkinsons Ansichten über die ethische Gesinnung von Wirtschaftlern zu beschäftigen.

Jetzt hat das Forscherteam, bestehend aus den Psychologen Dennis Regan und Thomas Gilovich sowie dem Wirtschaftswissenschaftler Robert Frank, das Ergebnis seiner Untersuchungen über das Moralgefüge des Homo oeconomicus vorgelegt.

Danach muß als gesichert gelten: Das Studium der Betriebs- oder Volkswirtschaft formt lopezoide Charaktere – selbstisch, aggressiv und, wie die im Journal of Economic Perspectives veröffentlichte Studie weiter vermuten läßt, bei der Durchsetzung ihres eigenen Vorteils so gnadenlos wie ein Henkersstrick.

Bei allen Tests, die Fairness und Sozialverhalten prüften, schnitten die Ökonomen miserabel und um viele Grade schlechter ab als die Mitglieder aller anderen geprüften Berufsgruppen: Weder Philologen und Naturwissenschaftler, ja nicht einmal die Juristen waren so raffgierig und ruchlos wie die Wirtschaftler, deren

viele zudem über ein Wesensmerkmal verfügten, das die Psychiater mit dem Begriff Pseudologia phantastica umschreiben - die Fähigkeit unbeirrbar an die eigenen Lügen zu glauben.
Bezeichnend schien den Cornell-Experten das Ergebnis jenes Tests, bei dem Probanden aufgefordert wurden, eine ihnen zur Verfügung gestellte Dollarsumme auf zwei Konten aufzuteilen: ein privates und ein öffentliches, wobei sie das Geld auf dem Privatkonto für sich behalten konnten, das auf dem öffentlichen Konto hingegen untereinander teilen mußten.
Die Auswertung ergab, daß die Ökonomen durchschnittlich 80 Prozent des ihnen überantworteten Geldes für sich behielten. Die Testlinge aus anderen Berufen hingegen überwiesen mehr als die Hälfte ihrer Dollar auf das öffentliche Konto.
Defizite in Gewissensfragen zeigten die Wirtschaftler auch beim „Prisoner's Dilemma Game", einem klassischen Kooperationstest, der die Probanden in die Lage zweier Untersuchungshäftlinge versetzt, die zusammen einen bewaffneten Überfall begangen haben.
Ihr Dilemma dabei, vereinfacht:
Die für beide sinnvollste Strategie wäre, die Straftat zu leugnen und dafür (wegen unerlaubten Waffenbesitzes) ein Jahr ins Gefängnis zu gehen - 61 Prozent der Nicht-Ökonomen wählten diesen Weg.
Die für den einzelnen günstigste Strategie hingegen ist, sich unkooperativ zu verhalten und das Verbrechen zu gestehen; dann nämlich geht er als Kronzeuge frei aus, allerdings wird sein Komplize zu 20 Jahren verknackt – mit souveräner Hemmungslosigkeit entschieden sich 72 Prozent der Wirtschaftler für diese Alternative
Woraus aber resultiert solcher Mangel an Eupraxie, wie die Moralgelehrten das sittliche Handeln nennen. Entscheiden sich, so spekulieren die Cornell-Experten, möglicherweise von vornherein zur Selbstsucht neigende Menschen bevorzugt für das Studium der Wirtschaftswissenschaften? Oder sind es vielleicht die Lehrinhalte, die den Chrakter der Studenten formen?
Um eine Antwort auf diese Fragen zu finden, unterwarfen die Forscher einen Jahrgang von Erstsemestern einem Ehrlichkeitstest.

Als dieser nach einigen Monaten wiederholt wurde, war die Zahl jener, die zum Beispiel Schwindel mit falschen Rechnungen zu treiben gewillt waren, bei den Wirtschaftlern um 27 Prozent gestiegen.
Ähnlicher Sittenverfall zeigte sich allerdings auch bei den als Kontrollgruppe herangezogenen Erstsemestern des Studienfaches Astronomie. Führt also auch die Beschäftigung mit dem Weltall zu charakterlicber Korruption?
Die Urheber der Cornell-Studie fügten sich mit bewundernswerter Gelassenheit in diesen Widerspruch. „Unsere Untersuchung“, so konstatierten sie, „ist fundiert, aber noch vorläufig.“
(DER SPIEGEL 1993, H. 37, S. 229-230)

do it yourself

Methode des kritischen Lesens

Arbeitsaufgabe: gesellschaftskritisches Lesen

1. **Lesevorbereitung:** Festlegung der gesellschaftlichen Prämissen des eigenen Lesens.

   Jeder wissenschaftliche Text wird durch gesellschaftliche Faktoren in seiner Produktion bestimmt. Nennen Sie diese Faktoren!

2. **Während des kritischen Lesens** des Textes benutzen Sie die Zweispaltenmethode und füllen Sie dann während, oder nach dem Lesen die rechte Spalte aus.

Gesellschaftliche Faktoren	**Spuren im Text**
Gesellschaftsbild des Spiegel-Autoren: Elite Konkurrenzgesellschaft Dichotomische Gesellschaft	
Gesellschaftliche Zugehörigkeit des Spiegel-Autoren: Oberschicht Mittelschicht Unterschicht	

3. **Lesenachbereitung:** Verschriftlichung der Ergebnisse des gesellschaftskritischen Lesens

   Spekulieren Sie nun zur Typik des Gesellschaftsbildes des gelesenen Autoren. Was spricht für seine Zuordnung zur Ober-, Mittel- oder Unterschicht? Inwieweit vertritt er ein Ober-, Mittel- oder Unterschichtsgesellschaftsbild?

Arbeitsaufgabe: Lesen im Hinblick auf unbewußte Textaspekte

1. **Lesevorbereitung:** Festlegung der psychoanalytischen Prämissen des eigenen Lesens.
   Jeder wissenschaftliche Text wird durch unbewußte Faktoren in seiner Produktion bestimmt. Nennen Sie jetzt derartige Faktoren!

2. **Kritisches Lesen des Textes**
   Benutzen Sie während des Lesens oder danach die Zwei-Spaltenmethode und füllen Sie die rechte Spalte aus.

Unbewußte Faktoren	**Spuren im Text**
Familienkonflikte des Spiegel-Autoren	
Triebkomplexe der Spiegel-Autoren	
Charakterstrukturen der Spiegel-Autoren	

3. **Lesenachbereitung:** Verschriftlichung der Ergebnisse des psychonanalytischen Lesens.

   Mutmaßungen zum Charaktertyp des Spiegel-Autoren: Was spricht für orale, anale oder phallisch-genitale Charakterzüge?

Kritisches Lesen in den Wissenschaften ist eine sehr komplizierte Technik, die hier nur in sehr rudimentärer Methode vorgestellt werden kann. Kritisches Lesen ist sicher bei vielen

Grenzen kritischen Lesens

Studenten nicht sehr beliebt. So schreibt M. DAHRENDORF: *„Nachdem die Studenten sich die Fähigkeit zu selbständigem Umgang mit Texten erworben haben, sind sie meist sehr textgläubig und nehmen gern alles für bare Münze, was sie lesen und hören: Zweifel am Inhalt des Gelesenen gehört im allgemeinen noch nicht zu ihren Rezeptionsweisen.*" (DAHRENDORF, M.: Hinauflesen versus Bedürfnisbefriedigung. Historische Dimensionen und aktuelle Bedeutung eines didaktischen Konflikts. In: BAUMGARTNER, A. C., DAHRENDORF, M. (Hrsg.) Zurück zum Literaturunterricht? Braunschweig 1977, S. 15)

8. Technik: Kreatives Lesen (4 L - Methode)

Die heutige Erforschung des Leseprozesses führt in der internationalen Diskussion zu einem Paradigmawechsel. Früher glaubte man, daß 90 % der Information beim Lesen aus dem Text stammen. Heute weiß man, daß „90 % der Informationen, die beim Lesen produziert, aus dem Kopf des Lesers stammen." (NIEL, J.: Reading and Writing, in: MORRAU, M. G., LUNDSFORD, R. F. (Hrsg.) Resarch in Composition and Rhetoric. Westport 1984, S. 155) Schon J. DEWEY argumentierte 1934 in seinem Buch „Art as Experience" (deutsch: Kunst als Erfahrung, Frankfurt 1992), daß jedes Individuum eine einzigartige Leseerfahrung hat, in der es viel neu produziert, was es vorher gar nicht gegeben hat. Die Idee, daß das meiste, was beim Lesen im Kopf des Lesers entsteht, nicht aus dem Text stammt, sondern aus dem Hirn des Lesers, wird in der amerikanischen Lesetheorie z.B bei K. GOODMAN und F. SMITH zur Einsicht, daß *„ein Leser unfähig ist, einen Text zu lesen, wenn der Text nicht ein Verständnisschema vorträgt, das dem Deutungsmuster des Lesers entgegenkommt.*" (NIEL, J., a.a.O., S. 156) Damit wird der Ansatz des kreativen Lesens umrissen. Das kreative Lesen, setzt alle möglichen kreativen Techniken, auch aus dem Arsenal des kreativen Schreibens, der Imagination, der Visualisierung ein, um die Leserkreativität zu steigern und die kreativen Impulse der Texte optimal zu entfalten. Kreatives Lesen ist angeleitetes, individuelles und originelles Textverstehen. Kreatives Lesen ist nicht konformistisch und gehört damit zu den Merkmalen der kreativen Persönlichkeit. (Vgl. GROEBEN, N.: Leserpsychologie, a.a.O., S. 135)

Ansatz des kreativens Lesens

Aufgabe: Lesejournal

Die einfachste Methode das kreative Lesen zu praktizieren, ist das Führen eines Lesejournals. Ein Lesejournal macht es möglich, daß Studenten ihre Leseerfahrung erforschen. Es sammelt alle Ideen und Fragen, die die Studenten beim Lesen haben. Es ist der Ort für Exzerpte und für Schreibexperimente, die durch das Lesen von wissenschaftlichen Texten angestoßen wurden. Das Führen eines Lesejournals macht es möglich, alle Lesetechniken, die dieser Kurs vorstellt, häufig zu praktizieren und zu üben. (Vgl. PARSONS, L.: Response Journals. Portsmouth 1990) Legen Sie sich also ein Lesejournal zu.

Die Methode des kreativen Lesens bietet aber mehr, als die Arbeit mit einem Lesejournal. Sie stellt für die vier Phasen des Leseprozesses ein breites Instrumentarium von kreativen Techniken bereit, die die Eigenaktivität des Lesers bei der Textrezeption, -rekonstruktion und -fortschreibung optimal erweitern können. Diese Techniken wollen wir nun vorstellen:

Kreative Lesevorbereitung: Brainstorming Brainfloating Freewriting

Lesevorbereitung: (L 1)

Mit individuellem Brainstorming, Brainfloating, Freewriting kann der Student sich auf das Thema des zu lesenden Textes einstimmen. Mit diesen Methoden kann er auch seine Deutungsmuster erforschen.

Der Student kann mit dem Titel des Textes arbeiten. Er wird dann alle Probleme, die der Titel aufwirft, benennen. Er wird alle Lügen und Wahrheiten zum Titel aufschreiben, die ihm einfallen.

Textdeutungsmuster visualisieren

Wenn der Student länger über den Titel des Textes nachdenkt, wird er alle Texte erinnern, die er zum Titel schon gelesen hat. Auch diese Texte sollte er festhalten, denn sie bestimmen sein Deutungsmuster.

Bevor der Student zu lesen beginnt, sollte er die Augen schließen und mit den inneren Augen sehen, welches Bild erscheint, wenn er an den zu lesenden Text denkt. Dieses Bild sollte er schriftlich festhalten. Es visualisiert sein Textdeutungsmuster.

Kreative Lesebegleitung: Einkreisungen

Lesebegleitung (L 2)

Während des Lesens sollte der Student zwischen Thesen und nachgeordneten Sätzen unterscheiden. Die Thesen sollte durch Einkreisungen markieren. Die Einkreisungen sollte er durch Pfeile verbinden.

Hauptidee identifizieren

Aus den vielen Thesen sollte er die Hauptidee des Textes formulieren und am Textrand notieren. Aus einigen Versuchen der Notierung der Hauptidee entsteht am Ende sicherlich der gelungene Versuch einer Synthese. Falls es diese Hauptidee im Text nicht gibt, soll der Student eine eigene Formulierung einer solchen Idee versuchen. Die deduktive Ableitung, wie die induktive Zuleitung zur Hauptidee sollte der Student im Text markieren. Der Student sollte festhalten, mit welchen Elementen der Bewahrheitung und Glaubhaftmachung die Hauptidee abgesichert wird. (Z.B. graphische

Bewahrheitungstechniken

Darstellung, Statistiken, Zahlenverhältnisse, Autoritäten, staatliche Verlautbarungen, religiöse Norm usw.) Im laufenden Text sollte der Student auf Signalwirkungen achten, die die Argumentation strukturieren: Also auf Ein- und Überleitungen, Zusammenfassungen und Relativierungen. Auch auf die aus der Rhetorik bekannten Argumentationsfiguren wie Ursachen, Wirkungen, Gleichheit und Unterschied, Brüche in der Entwicklung, Beispiele, klassische Situationen und Analysen könnte er (oder sie) achten. Mit diesem Leseblick kann er das Schema erfassen, indem der vorliegende Text vorgetragen wird. (Vgl. VOGEL, L., LEHMANN, J.,: Fundamentels of College Reading a.a.O., S. 47-112)

Rhetorische Signale

Lesenachbereitung (L 3)

Kreative Lesenachbereitung:

Der Student könnte hier zuerst das Schema des vorgetragenen Textes mit seinem Deutungsschema konfrontieren und Übereinstimmungen und Widersprüche feststellen. Zu diesem Zweck könnte er eine Zweispaltenmethode benutzen. In die erste Spalte trägt er die Meinung des Autoren ein, in die zweite Spalte trägt er die eigene Meinung ein. Die Ergebnisse dieser beiden Spalten vergleicht er dann.

Die Grundideen des Textes sollte der Student visualisieren. Es stehen ihm dazu folgende Techniken zur Verfügung: Karten, Diagramme, Schemata, Clusters, Mind-Maps, Themenbäume, Themenleitern. (vgl. WERDER, L. v.: Kreatives Schreiben in den Wissenschaften, Berlin 1992, S. 28-55)

Cluster
Mind-Map
Themenbaum

Nach dem Schneeballprinzip kann der Student den Text und seine Textkritik erst in einem Satz, dann in zwei, drei, vier, fünf, sechs und vielen Sätzen zusammenfassen. Mit Bezug auf seine vor dem Lesen angelegte Titelliste kann er nun den gelesenen Text in ein Netzwerk verwandter Texte einordnen. Auch das kann graphisch dargestellt werden.

Schneeball

Netzwerk

Leseverwertung (L 4)

Kreative Leseverwertung:

Schreiben Sie nun 5 Minuten Freewriting zur Verteidigung oder zur Kritik des gelesenen Textes und erforschen Sie mit diesem 2. Verfahren, wie weit Ihr Deutungsmuster mit dem Argumentationsschema des gelesenen Textes übereinstimmt.

Freewriting

Oder: Listen Sie erst alle wichtigen Begriffe auf, die der Text bietet. Definieren Sie dann die Begriffe und schreiben Sie einen Text, in dem möglichst viele Begriffe vorkommen.

Auch mit dieser Methode verlöten Sie die neuen Erkenntnisse des gelesenen Textes mit Ihren eigenen Deutungsmustern.

Damit Sie aber die Ergebnisse Ihres Lesens auch fest im Gedächtnis verankern, fassen Sie die Ergebnisse Ihres Lesens in kleinen literarischen Formen zusammen. Dabei ist z.B. an die Form des Elfchens, des Haikus, des Rengas, des Rubais, des Reims, des Dialogs oder des Limmericks zu denken. Sehen wir uns nun alle Techniken des kreativen Lesens noch einmal in einer Graphik an:

Kleine literarische Formen

Techniken des kreativen Lesens

Lesevorbereitung:	Brainstorming Brainfloating Freewriting Arbeiten am Titel Alle Lügen und Wahrheiten zum Thema Titelnetzwerk Visualisierung des Titels
Lesebegleitung:	Nebensätze und Thesen Hauptidee Eigene Hauptidee Deduktion u. Induktion zur Hauptidee Bewahrheitungstechniken Signalwörter Argumentationsstrukturen
Lesenachbereitung:	Meinung des Autors, eigene Meinung Graphische Gestaltung der Hauptideen (Karte, Diagramm, Cluster, Mind-Map, Themenbaum, Themenleiter) Textschneeball der Textwiedergabe, Textkritik Textnetzwerk
Leseverwertung:	Freewriting zur Verteidigung und Kritik des Textes Begriffsarbeit: Sammlung von Definitionen und Schreiben eines eigenen Textes Zusammenfassung der Lesefrüchte in literarischen Formen

do it your-self

Aufgabe:

Wählen Sie aus jeder Lesephase eine kreative Technik und arbeiten Sie die folgenden drei Kurztexte bis zur Leseverwertung durch.

Oder lesen Sie die Texte erst kurz durch und wählen Sie dann für jede Lesephase eine kreative Technik, die dem Text besonders angemessen ist.

Wenn Sie beide Methoden gewählt haben, vergleichen Sie abschließend die Resultate des unterschiedlichen Vorgehens.

„Kein Ergebnis oder kein Effekt?

Fitneß und regelmäßiges Training nützen dem Seelenleben nichts, behaupten Psychologen der Universität Amsterdam (Science News, *Band 144, S. 120). Sie hatten eine Gruppe von 62 geistig gesunden Männern auf Depressionen, Selbstwertgefühl und andere psychische Aspekte untersucht und keinerlei Unterschiede entdeckt, obwohl ein Teil der Männer ein Fitneßprogramm absolviert hatte und ein anderer nicht. Doch vielleicht hätten die Forscher ihre Schlußfolgerung vorsichtiger formulieren sollen - etwa so: Wir Psychologen konnten nicht messen, ob Sport das Wohlbefinden steigert.*

Evolution im Eiltempo

Mit dem Anfang des Kambriums hat die Zahl der Tierarten explosionsartig zugenommen. Krebse, Seesterne, Muscheln und viele längst wieder ausgestorbene Tierstämme tauchten das erste Mal vor 533 Millionen Jahren auf, und zwar in einem Zeitraum von nur 5 bis 10 Millionen Jahren, wie amerikanische Geologen beim Abklopfen sibirischen Vulkangesteins herausgefunden haben (Science, *Band 261, S. 1293). Wie es zu dieser biologischen Sturm-und-Drang-Periode kam, wissen die Forscher nicht.*

Transgener Mais auf der Reise

Die Flutkatastrophe im amerikanischen Mittelwesten beendete auch einen Freilandversuch mit transgenem

Mais, der gegen Insekten resistent sein sollte (Science, *Band 261, S. 1271). Pflanzengenetiker der Firma Pioneer Hi-Bred International hatten das Feld vorschriftsmäßig eingezäunt und mit vegetationsfreier Fläche umgeben. Nun jedoch befindet sich der transgene Mais irgendwo anders. Eine Gefahr für die Stabilität von Ökosystemen? Firmenangaben zufolge waren die Pflanzen erst kniehoch gewachsen, also noch zu jung, um pollentragende Narbenfäden oder Körner zu tragen. Und wenn die Flut einige Wochen später gekommen wäre? Kein Problem, behauptet die Firma. Ihre Forscher würden regelmäßig alle Narbenfäden von den transgenen Pflanzen abzupfen.*
(DIE ZEIT, Nr. 38 v. 17.9.93, S. 92)

Elfchen

Aufgabe:
Verwandeln Sie als Übung kreativer Leseverwertung alle drei Texte in eine kleine literarische Form z.B. in ein Elfchen, das folgende Form hat:

1. Zeile: 1 Wort
2. Zeile: 2 Worte
3. Zeile: 3 Worte
4. Zeile: 4 Worte
5. Zeile: Ein Ausruf in einem Wort

9. Technik: Das Korrekturlesen (KorL)

Wenn ein Text, unter Benutzung verschiedener Lesetechniken, fast fertig geschrieben worden ist, steht das Korrekturlesen ins Haus. Für diese Art des wissenschaftlichen Lesens lassen sich viele Techniken finden. Wir stellen hier nur die wichtigsten vor.

Hilfe durch den Computer

Heute wird das Korrekturlesen, wenn der wissenschaftliche Text am Computer geschrieben wurde, von Textverarbeitungssystemen unterstützt. Dieses Korrekturlesen ist technisch recht einfach.

do it your-self

Übung WORD

„Mit einem einzigen Tastendruck verschieben oder löschen Sie Sätze, fügen andere Sätze ein oder Satzteile zusammen, adjustieren Ränder und Zeilenabstände, wechseln Schriftarten und Größen aus und kontrollieren das Druckbild Ihres Manuskripts. Nutzen Sie, wenn Sie können, diese Option aus und streichen, kürzen und redigieren Sie ohne Hemmungen... Verschiedene elektronische Textverarbeiter wie etwa WORD ... haben heute auch schon eine automatische Rechtschreibkontrolle eingebaut. Die ist zwar sicher nicht perfekt, erspart Ihnen aber die eine oder andere Peinlichkeit.“ (KRÄMER, W.: Wie schreibe ich eine Seminar-, Examens- und Diplomarbeit, Stuttgart 1992, S. 151 u. 153)

do it your-self

Übung: Fremdleser

Wenn Sie bei einem maschinenschriftlich oder gesetzten Text Korrektur lesen, ist es sinnvoll, fremde Korrekturleser einzusetzen. Probieren Sie mal die Übung für zwei Personen. Eine Person liest den kopierten Text mit allen Satzzeichen und Fußnoten laut vor, die andere Person übernimmt das Korrigieren am Original-Manuskript. Wenn der Vorlesende mit dem Text überhaupt nicht vertraut ist, wird auf diese Art am besten sichergestellt, daß der Korrekturleser mit dem tatsächlichen und nicht mit dem erwünschten Text konfrontiert wird.

do it your-self

Übung: Von rechts nach links lesen

Die Intensität der Suche nach Tipp- und Druckfehlern wird verbessert, wenn jede *„Textzeile von hinten, d.h. von rechts nach links gelesen wird. Der vom korrekturlesenden Verfas-*

ser bekannte Sinnzusammenhang des Textes wird so zerstört, die Aufmerksamkeit ausschließlich auf die fehlerfreie Wiedergabe der einzelnen Wörter gelenkt." (Theisen, M. R. a.a.O. S. 207) Lesen Sie Ihren zu korrigierenden oder ausgedruckten Text mal von rechts nach links.

Übung: Dudenredaktion

Alle Fehler und Auslassungen im gelesenen Text müssen durch die Korrekturzeichen der Dudenredaktion markiert werden. Die amtlichen Korrekturvorschriften stehen im *Duden Rechtschreibung*, Mannheim 1986, S. 79-83. Lesen Sie sich diese Vorschriften durch und korrigieren Sie Ihren Text mit den dort angegebenen Zeichen. Vergessen Sie aber nicht, auch andere Taschenbücher der Dudenredaktion bei Zweifelsfällen zu konsultieren, z.B. :

Berger, D.: Komma, Punkt und alle anderen Satzzeichen, Mannheim 1990

Mentrup, W.: Die Regeln der deutschen Rechtschreibung, Mannheim 1991

Mentrup, W.: Wie schreibt man groß, wie schreibt man klein? Mannheim 1989

Ahlheim, K. H.: Wie gebraucht man Fremdwörter richtig? Mannheim 1993

Werlin, J.: Wörterbuch der Abkürzungen, München 1986

Berger, D.: Fehlerfreies Deutsch. Mannheim 1993

Übung: Korrektur – A B C:

Viele Studenten stehen unter Zeitdruck. Sie wollen die lästigen Korrekturen schnell hinter sich bringen. Für diesen Zweck gibt es das Korrektur – A B C für Eilige, in dem die Studenten schnell Antworten auf Fragen finden, die ihnen ihr Text beim Korrekturlesen stellt. Wir stellen hier nur eine ganz verkürzte Form des Korrektur – A B C's vor.

Korrektur – A B C:

Probleme	Lösungen
Abkürzungen	Schreiben Sie die Worte lieber aus.
Abstrakter Ausdruck	Erweitern Sie die Ausdrücke durch konkrete Beispiele.
Banalitäten	Schreiben Sie die langweiligen Sätze um.
Dialekt	Benutzen Sie die deutsche Hochsprache.
Gefühl	Setzen Sie im wissenschaftlichen Text auch Gefühle ein. Sondieren Sie dabei aber die passenden Textstellen.
Halbe Sätze	Verwandeln Sie Satzfragmente in ganze Sätze.
Kapitel	Jedes Kapitel soll einen neuen Gedanken vortragen.
Länge	Drücken Sie Ihre Ideen möglichst knapp aus.
Logik	Durchdenken Sie die Sätze mit logischen Defiziten noch einmal und versuche Sie eine neue Fassung.
Satzzeichen	Schauen Sie noch einmal alle Regeln für die Satzzeichen an. (Veröffentlichung Dudenredaktion) oder fragen Sie einen Deutschlehrer.
Sexistische Sprache	Vermeiden Sie Worte mit dem das andere Geschlecht diskriminiert wird.
Unklarheiten	Neuschreiben bis alles klar und genau formuliert ist
Vergleiche	Ergänzen Sie das Wort, das Ihnen beim Vergleich fehlt.
Wiederholung	Wiederholen Sie wichtige Worte nicht so oft.
Zusammenhang	Wirre Passagen noch einmal neu schreiben

In diesem Buch gilt alles, was über Leser gesagt wird, auch für Leserinnen!

(Vgl. Pearlman, D. D.; Pearlman P.R.: Guide to Rapid Revision. New York 1993)

do it yourself

Aufbauende Korrektur

Übung: Stärken ausbauen

Die meisten Techniken des Korrekturlesens orientieren sich auf das Ausmerzen von Fehlern. Das führt, bei einer Häufung von entdeckten Fehlern, oft zu Arbeitsblockaden und Lesestörungen des Studenten. Machen Sie es deshalb einmal anders. Benutzen Sie die Korrektur-Lesetechnik um Textstärken zu entdecken und auszubauen. „*Die meisten Korrektur-Lesetechniken sind fehlerorientiert. Jeder Korrekturblick ist auf Fehler fixiert. Aber gute Texte entwickeln sich nur, wenn der Korrekturleser von dem ausgeht, was gut am Text ist, nicht, wenn er nur das Schlechte sieht.*“ (MURRAY, D. M.: The Craft of Revision, Fort Worth 1991, S. 55)

Die Technik, Texte von ihrer starken Seite her zu verbessern, hat folgende Regeln:

> Sehen Sie Ihren Test mit fremden Augen.
> Lesen Sie den Text schnell und stellen Sie seine Stärken fest.
> Identifizieren Sie die guten, vielleicht nur fragmentarischen Passagen.
> Werfen Sie die schlechten Passagen in den Papierkorb.
> Bauen Sie aus den gewonnenen guten Fragmenten einen neuen Text.

(MURRAY, D. M.: a.a.O., S. 49-63)

„Vielleicht ist das Lesen von Büchern ein Versuch der Macht der Welt zu widerstehen."
(P. Brückner)

5. Projekte des kreativen Lesens

5.1. Aspekte der Lesequalifikation an Hochschulen und Universitäten

Lesekarriere

Die Übung der Techniken des wissenschaftlichen Lesens ist nur ein Anfang. Eine wissenschaftliche Lesequalifikation muß in längeren Lesekarrieren entwickelt werden. Gute wissenschaftliche Leser verfügen über eine hohe Flexibilität der Anwendung der Lesetechniken bei verschiedenen Textsorten. Reproduktive Lesetechniken verwenden sie bei kleineren Schreibvorhaben, wie z.B. bei Kurzreferaten, Berichten, Stellungnahmen, Thesenpapieren usw. Produktive Lesetechniken kommen eher bei Referaten, Hausarbeiten, Examens- und Diplomarbeiten zum Zuge. Auch die Textqualität erfordert unterschiedliche Lesetechniken. Einfache Texte sind durch schnelles Lesen, mittelschwere Texte durch die ME- oder SQ3R-Technik zu bewältigen. Bei schwierigen Texten ist das sokratische Lesen, das rhetorische Lesen oder das kreative Lesen zu wählen. Bei der Abfassung einer Diplomarbeit bietet sich zur Themenfindung das schnelle Lesen an, bei der Durcharbeitung von Primär- und Sekundärliteratur sind die ME-Techniken, SQ3R, sokratisches und kreatives Lesen sinnvoll. Zur Unterstützung der Themenstrukturierung empfiehlt sich das rhetorische Lesen. Zur Textrevision sind Techniken der Textrevision jederzeit zu beachten.

Flexibilität der Lesetechniken

Eine wissenschaftliche Lesekarriere stößt schon beim „übersetzenden Lesen" (vgl. S. 30-36) auf die Barrieren der Fachsprachen. Seit es die Arbeitsteilung gibt, gibt es Fachsprachen. Schon früh haben sich die verschiedenen

Handwerkersprachen herausgebildet. Sie hatten folgende Merkmale:

Handwerker Sprache

Orale Tradierung
Färbung durch Dialekte
Sinnlich fixierte Begriffe
Beseelung der Werkzeuge
Keine Trennung von Sprache und Arbeitspraxis
Aneignung der Fachsprache durch und während der Arbeitspraxis.
(FLUCK, H. R.: Fachsprachen, Tübingen 1991, S. 28 ff.)

Explosion der Fachsprachen

Die wissenschaftlich-technische Revolution führte zu einer Explosion der Fachsprachen. Gab es früher etwa 30 Handwerkersprachen so gibt es heute etwa 300 Fachsprachen. Die neuen Wissenschafts-, Technik- und Verwaltungssprachen trennen sich von der Alltagssprache. Zwischen Muttersprache und Fachsprache tut sich eine Kluft auf.

Ein Beispiel:
Die Alltagssprache kennt 700 bis 800 Begriffe.
Ein Student der Medizin muß 5000 bis 8000 Begriffe beherrschen.
Ein Professor für Medizin kennt etwa 50000 Begriffe.
Die gesamte medizinische Fachsprache umfaßt allerdings 500000 Fachtermini.

(FLUCK, H. R.: a.a.O., S. 95)

Moderne wissenschaftliche Fachsprachen

Die moderenen Fachsprachen haben sich gegenüber den alten Handwerkerfachsprachen in folgender Hinsicht verändert:

Schriftliche Tradierung,
Orientierung an der Idee des Diskurses,
abstrakte Begriffe,
Rationalisierung der Welt,
Trennung von Fachsprache und Arbeitspraxis,
Aneignung der Fachsprache nur durch organisierte berufliche Sozialisation.

Die vielfältigen Fachsprachen werden heute in 5 Bereichen durch folgende Entwicklung bestimmt:

Fachsprachliche Entwicklungen

Wissenschaftssprache: Mathematisierung, Ausdehnung von Formeln, Abkürzungen und Graphiken, Beibehaltung und Neubildung griechischer und lateinischer Fremdworte, Eindringen amerikanischer Fremdworte, Entwicklung eigener spezifischer Wortschätze.

Technische Sprache: Verbalisierung von Substantiven, Substantivierung von Verben, Normierte Worte durch Normierungsverfahren, Entwicklung eines trockenen und armen Schreibstils.

Politiksprache: Eindringen von Manipulation und Überredung, Herrschaft der Rhetorik der Überwältigung, Vielfältigkeit der Schlagworte, emotionelle Appelle und Durchdringung mit ideologischen Elementen.

Verwaltungssprache: Herrschaft der juristischen Begriffe, der formelhaften Wendungen und des sprachlichen Schematismus, Wuchern eines bürokratischen Wortschatzes mit mehrgliedrigen Wörtern.

Bank- und Managersprache: Eindringen der Mathematisierung und Quantifizierung der Aussagen, Übernahme von Begriffen aus den Sphären des Sportes, des Kampfes, der Bewegung, der Personifizierung, Erweiterung des Argumentierens mit statistischen Daten, Ausdehnung von Kürzungen. (FLUCK, H. R., a.a.O., S. 60-109)

Defizite der Schule und der Universität

Die Aneignung der jeweiligen Fachsprache ist Teil der wissenschaftlichen Lese- und Schreibqualifikation an der Universität. Allerdings kann die Universität nicht auf die Vorqualifizierung ihrer Studenten durch die Schule aufbauen. „*In der didaktischen Literatur der Schule wurden Fachsprachen bisher ... kaum behandelt.*" (FLUCK, H. R., a.a.O., S. 151)

„*An der Universität tritt die didaktische Aneignung von Fachsprachen nur am Rande bei „Einführungen in einzelne Wissenschaftszweige" in Erscheinung.*" (FLUCK, H. R., a.a.O., S. 148)

Leseprojekte

Die Vermittlung der Technik des wissenschaftlichen Lesens und Schreibens und der wissenschaftlichen Fachsprachen erfordert nicht nur Lesetechniken, sondern die Anwendung dieser Lesetechniken in unterschiedlichen fachsprachlichen Diskursen. Die Vermittlung von kreativen Lesetechniken und fachsprachlichen Diskursen kann in Leseprojekten geschehen. Wie sagte doch schon QUINTILIAN: Die Aneignung eines wissenschaftlichen Wortschatzes und eines wissenschaftlichen Stils „*können wir nur erreichen, wenn wir die besten*

Werke lesen". (QUINTILIAN: Institutio oratoria X. Stuttgart 1990, S. 15) *„Und daher"*, sagt QUINTILIAN, *„sind lange Zeit gerade nur die besten Autoren, und solche, die das in sie gesetzte Vertrauen am wenigsten enttäuschen, zu lesen."* (QUINTILIAN, a.a.O., S. 21)

5.2. Kreative Leseprojekte in verschiedenen Wissenschaften

Eine entwickelte wissenschaftliche Lesequalifikation umfaßt also nicht nur kreative Lesetechniken, sondern auch die Kompetenz, Fachsprachen lesen und schreiben zu können. Die folgenden Leseprojekte wollen diese Qualifikationen weiter einüben. Diese Projekte können von Einzelnen alleine oder von Lesegruppen gemeinsam absolviert werden, wobei Hilfen für die Entwicklung und Leitung von kreativen Lerngruppen in den Büchern: Werder, L.v.: Lehrbuch des kreativen Schreibens. Berlin, Milow 1993; Werder, L.v.: Lehrbuch des wissenschaftlichen Schreibens. Berlin, Milow 1993 zu finden sind. Die Texte eines jeden Projektes beschränken sich auf wissenschaftliche Lesebücher, die am aktuellen Buchmarkt preiswert für Studenten zu erwerben sind. Alle diese wissenschaftlichen Lesebücher, die wir im Folgenden zur Benutzung vorschlagen, bieten zur Übung der Technik des wissenschaftlichen Lesens folgende Texte:

Preiswerte wissenschaftliche Lesebücher

Wissenschaftliche Originaltexte, die den Leser mit den Problemen der wichtigsten Autoren und Etappen eines Fachdiskurses vertraut machen.
Texte ausgewählt nach den Leserinteressen verschiedener Generationen und Wissenschaftsschulen: eine kontrastreiche Mischung.
Vollständige Texte und Textausschnitte, um dem Leser stilistische argumentative und fachsprachliche Besonderheiten vor Augen zu führen.
Akademische und nicht-akademische Texte.

Aus diesen Texten werden in jedem Projekt wiederum nur eine kleine Auswahl geboten, um den Stoff für ein Semester lesbar zu halten. Bei jedem Leseprojekt werden nicht nur geeignete Texte vorgeschlagen, sondern auch entsprechende Lesetechniken angemerkt. Dabei ist aber zu beachten, daß wenigstens mehrere in diesem Buch vorgestellten neuen Lesetechniken am Beginn eines Leseprojektes (auf der Grundlage des Kapitels vier dieses Buches) absolviert werden sollten, damit die Studenten die nötige Flexibilität für den Einsatz der Lesetechniken in verschiedenen Fachdiskursen und bei verschiedenen Textautoren besitzen.

5.2.1. Die Philosophie des 20. Jahrhunderts

Dieses kreative Leseprojekt führt in die Kunst und Technik philosophischen Fragens ein. Es folgt der Spur des Fragens in den wichtigsten philosophischen Richtungen des 20. Jahrhunderts. Dabei kommt die Vielfalt des Denkens in den Blick. Der kreative Leser wird erkennen, daß sich Philosophie nicht im akademischen Denken erschöpfte, sich bloß an dem großen Denkern der Epoche orientierte, sondern auch einflußreiche Außenseiter zu berücksichtigen hat. Für jeweils die wichtigsten philosophischen Strömungen werden Schlüsseltexte geboten. Für die Leser, die durch das kreative Lesen angeregt, mehr von der Philosophie des 20. Jahrhunderts kennenlernen möchten, wird folgende Zusatzliteratur empfohlen:

Philosophische Hauptströmungen

Stegmüller, W.: Hauptströmungen der Gegenwartsphilosophie. Stuttgart 1986, Bd. 1-3
Habermas, J.: Der philosophische Diskurs der Moderne. Frankfurt 1985
Bollnow, O. F.: Existenzphilosophie. Stuttgart 1978
Bollnow, O. F.: Die Lebensphilosophie. Berlin 1958
Fellmann, F.: Lebensphilosophie. Reinbek 1993
Haller, R.: Die Philosphie der neuesten Zeit. München 1992, Bd. 1 und 2

Als Lesemethoden für das philosphische Leseprojekt werden vorgeschlagen: Die ME-Methode, SQ3R, die SL-Methode und das rhetorische Lesen.

Lesemethoden:
ME
SQ3R
SoL
RL

Die Texte unseres Lesekurses finden sich in folgendem Lesebuch: **Spierling, V.** (Hrsg.): Die Philosophie des 20. Jahrhunderts. München 1991

Lesekurs

Unser Lesekurs hat folgende Abschnitte:

Lebensphilosophie (Einsatz der ME-Methode)
A. H. BERGSON: Schöpferische Entwicklung (S. 19-26)
O. SPENGLER: Kultur als Organisation (S. 27-33)

Phänomenologie: (ME-Methode)
E. HUSSERL: Die wahre Erkenntnis - Kritik als Phänomenologie der Erkenntnis (S. 113-119)

Existenzphilosophie (SoL-Methode)
M. HEIDEGGER: Existentiale Analytik des Daseins (S. 140-152)
K. JASPERS: Die Philosophie der Zukunft (S. 153-165)

Utopische Philosophie (Methode: das rhetorische Lesen)
E. BLOCH: Gewissheit, unfertige Welt, Heimat (S 281-288)

Positivismus (Methode: das rhetorische Lesen)
L. WITTGENSTEIN: Die richtige Methode der Philosophie (S. 363-366)
R. CARNAP: Überwindung der Metaphysik - Logische Analyse der Sprache (S. 367-376)

Postmoderne Philosophie (Methode SQ3R)
J. WEIZENBAUM: Über Computer, Prognosen und Sprache (S. 459-464)
J. F. LYOTARD: Beantwortung der Frage: Was ist postmodern? (S. 493-507)

5.2.2. Die Pädagogik der Moderne

Etappen der Pädagogik

In den letzten 30 Jahre haben wir in Deutschland einen heftigen Wechsel von pädagogischen Theorien erlebt. Die Ideologiekritik der 68er wurde von der technizistischen Bildungsreform der 70er Jahre und schließlich von der Renaissance von Bildungstheorie und Bildungsgeschichte in den 80er Jahren abgelöst. Diese Situation erfordert eine Rückbesinnung auf die Grundprinzipien pädagogischen Denkens. Unser kreativer Lesekurs beginnt deshalb mit den Anfängen der modernen Pädagogik bei COMENIUS und ROUSSEAU und entwickelt sich in den Etappen pädagogischen Denkens bis zur sozialwissenschaftlichen Pädagogik der 70er Jahre. Der kreative Lesekurs kann dabei im Umfang und Auswahl kaum vollständig sein. Er will aber Originaltexte und wichtige pädagogische Autoren den Lesern nahebringen und bei den Studenten das Interesse an weiterer kreativer Lektüre in der Pädagogikgeschichte wecken. Als Zusatzliteratur zu diesem Lesekurs sind folgende Titel zu empfehlen:

SCHEUERL, H.: (Hg.): Klassiker der Pädagogik. München 1979, Bd. 1-2
BÖHME, G.; TENORTH, H.-E.: Einführung in die historische Pädagogik. Darmstadt 1990
FISCHER, W.; LÖWISCH, D.-J.: Pädagogisches Denken von den Anfängen bis zur Gegenwart. Darmstadt 1989

Als die besten Lesemethoden für das Pädagogik-Leseprojekt sind am Anfang folgende Lesemethoden zu üben: SL, ME, SQ3R, kritisches, sokratisches Lesen und kreatives Lesen.

Lesemethoden:
SL
SoL
ME
SQ3R
KriL
KreaL

Die Texte unseres Lesekurses entnehmen Sie bitte folgendem Lesebuch:
H. SCHEUERL, (Hrsg.): Die Pädagogik der Moderne. München 1992

Die Anfänge: (Methode ME)
J. A. COMENIUS: Große Didaktik (S. 23-31)
K. P. MORITZ: Anton Reiser (S. 40-44)
J. ROUSSEAU: Emile (S. 48-62)

Pädagogik der Aufklärung: (Methode SQ3R)
I. KANT: Über Pädagogik (S. 81-84)
J. G. HERDER: Die erste Freigelassene der Schöpfung (S. 88-90)
J. W. GOETHE: Wilhelm Meisters Lehr- und Wanderjahre (S. 99-102)
J. H. PESTALOZZI: Stanser Brief (S. 110-112)
W. v. HUMBOLDT: Denkschrift über die höheren wissenschaftlichen Anstalten in Berlin (S. 143-146)

Klassische Pädagogik: (Methode ME)
A. DIESTERWEG: 13 Regeln für den Unterricht (S. 187-193)
W. DILTHEY: Schulreform und Schulstuben (S. 201-205)

Reformpädagogik (Methode: kreatives Lesen)
F. NIETZSCHE: Also sprach Zarathustra (S. 229-230)
M. MONTESSORI: Kindererziehung als soziale Frage (S. 237-239)

A. S. NEILL: Sumerhills Ziele (S. 268-272)
S. BERNFELD: Von der Pädagogik (S. 304-309)

Faschistische Pädagogik (Methode: kritisches Lesen)
E. KRIECK: Erziehungsphilosophie (S. 344-348)
A. HITLER: Mein Kampf (S. 348-354)

Moderne sozialwissenschaftliche Pädagogik (Methode: sokratisches Lesen)
T. W. ADORNO: Erziehung zur Mündigkeit (S. 372-375)
J. HABERMAS: Erkenntnis und Interesse (S. 416-422)
K. MOLLENHAUER: Pädagogik und Politik (S. 422-427)

5.2.3. Die Psychologie des 20. Jahrhunderts

Psychotherapeutische Methoden

In der Psychologie des 20. Jahrhunderts hat die Psychotherapie das größte Aufsehen erregt. Sie hat angefangen von Sigmund FREUD und bis zur modernen feministischen Psychotherapie den Alltag und die Politik beeinflußt. Unser Leseprojekt will dem Streit der psychotherapeutischen Schulen aus dem Wege gehen. Es will Originaltexte über die Position, Methoden und Techniken derer vermitteln, die die kurze aber heftige Geschichte der Psychotherapie bestimmt haben. Für die Vertiefung der Geschichte der Psychotherapie im 20. Jahrhundert ist auf folgende Literatur zu verweisen:

ELLENBERGER, H. F.: Die Entdeckung des Unbewußten. Bern 1973, Bd 1 u.2
EICKE, D. (Hrsg.): Tiefenspsychologie. Weinheim 1982 Bd. 1-4
BALMER, H. (Hrsg.): Geschichte der Psychologie. Weinheim 1982 Bd. 1 u. 2

Lesemethoden: FL SoL SQ3R KriL

Die besten Lesemethoden für das Psychologieprojekt heißen: fragendes Lesen, SQ3R, sokratisches und kritisches Lesen. Sie sollten am Projektanfang geübt werden.

Die Texte unseres Lesekurses stehen in dem Lesebuch:
F. STALMANN (Hrsg.): Die Psychologie des 20. Jahrhunderts. München 1992

Psychoanalyse (Methode: sokratisches Lesen)
S. FREUD: Abriß der Psychoanalyse (S. 15-41)

Verhaltenstherapie (Methode: SQ3R)
A. ELLIS: Die rational-emotive Therapie (S. 89-100)

Humanistische Psychologie (Methode: kritisches Lesen)
C. ROGERS: Therapeut und Klient (S. 133-153)
K. Graf DÜRCKHEIM: Meditation (S. 477-488)

Die Weiterentwicklung der Psychoanalyse (Methode: rhetorisches Lesen)
H. KOHUT: Formen und Umformungen des Narzismus (S. 193-219)
A. MILLER: Das Drama des begabten Kindes (S. 235-254)

Psychodrama (Methode: ME)
J. L. MORENO: Psychodrama (S. 277-290)

Körpertherapie (Methode: kritisches Lesen)
A. LOWEN: Bioenergetik (S. 421-432)
T. MOSER: Psychoanalyse und Körper (S. 463-476)

Feministische Psychotherapie (Methode: sokratisches Lesen)
L. EICHENBAUM, S. ORBACH: Feministische Psychotherapie (S. 498-511)

5.2.4. Ganzheitliches Denken von der Antike bis zur Gegenwart

Heute läßt sich eine Renaissance des ganzheitlichen Denkens besonders in der akademischen Jugend beobachten. Die Gefahren der etablierten Wissenschaft, die die ökologische Krise, den Zusammenbruch von Teilen der Dritten Welt, die Übervölkerung verursacht zu haben scheint, stimuliert das Interesse an esoterischer Wissenschaft. Wissenschaftliche Paradigmen vom Urknall, Evolution und Enthropie befriedigen die seelischen Bedürfnisse der modernen Jugend nicht. Allerdings zeigen sich in dem heute weit verbreiteten Esoterik-Boom viele Pseudokenntnisse und mächtig viel Oberfläch-

Wissenschaftliche Begleitung bei Ganzheits- und Grenzerfahrungen

lichkeit. Die Ganzheitserfahrung, die sich beim Hinuntersteigen in die Tiefen der menschlichen Seele oder in dem Hinaustreten über die Grenzen des Kosmos ereignet, erfordert wissenschaftliche Begleitung. Diese Begleitung ist besonders deshalb geboten, weil dem im Alltag befangenen Menschen bei der Begegnung mit dem ganz Anderen die Auflösung der Ich-Grenzen droht. Unser kreativer Lesekurs will deshalb in die Geschichte der Esoterik von der Antike bis zur Moderne einführen. Er schließt die Pseudo-Esoterik aus und konzentriert sich auf die antiken Ursprünge und ihre ehrlichen historischen Traditionen, die nicht notwendig christlichen Charakter haben müssen. Zum weiteren Studium des ganzheitlichen Denkens können folgende Bücher herangezogen werden:

NELSON, G. K.: Der Drang zum Spirituellen. Olten 1991
JUNG, C. G.: Die Beziehung zwischen dem Ich und dem Unbewußten. München 1993
CAMPBELL, J.: Die Masken Gottes. Basel 1991 Bd. 1-4
ELIADE, M: Geschichte der religiösen Ideen. Freiburg 1993 Bd. 1-4

Lesemethoden: SoL KreaL ME

Die besten Lesetechniken im Esoterikprojekt, die vorher geübt werden sollten, sind das sokratische Lesen, das kreative Lesen und die ME-Methode.

Die Texte unseres folgenden kreativen Lesekurses entnehmen Sie bitte folgendem wissenschaftlichen Lesebuch: **M. FRENCH**: Esoterik von der Antike bis zur Gegenwart, München 1991

Die Sprache der Mysterien (Methode: das kreative Lesen)
PLATON: Der Weg der Seele nach dem Tode (S. 37-47)
APULEIUS: Ich sah die Sonne um Mitternacht (S. 70-78)

Der neuplatonische Weg der Seele (Methode: das sokratische Lesen)
PLOTIN: Das Schauern der Seele (S. 107-111)
JAMBLICHOS: Göttliche Besessenheit (S. 112-116)

Ganzheitliches Denken der Gnosis (Methode: das sokratische Lesen)
Die Gnosis des Valentinus (S. 114-158)

Sprituelle Erfahrungen in der Mystik (Methode: das kreative Lesen)
J. v. Kreuz: Die dunkle Nacht der Seele (S. 253-258)
M. Ficini: Der Abstieg der Seele zur Geburt (S. 285-286)
J. Böhme: Ich sah und erkannte das ganze Wesen im Bösen und Guten (S. 96-303)

Esoterik in der Moderne (ME-Methode)
R. Steiner: Die Erhebung zu einem übersinnlichen Bewußtseinszustand (S. 377-383)
C. G. Jung: Die Identifikation mit der kollektiven Psyche (S. 415-417)

5.2.5. Der Aufbruch der modernen Kunst

Die moderne Kunst hat sich dem Alltag entfremdet. Sie ist für viele Studenten unsichtbar geworden oder bloßer Anlaß sich provoziert zu fühlen. Damit fehlt die Auseinandersetzung mit den Bildern, Visionen und Träumen des Projekts Moderne. Das Leseprojekt „moderne Kunst" will einen Zugang zur Entstehung der modernen Bildersprache eröffnen. Es wird zuerst zu Texten führen, in denen sich wichtige moderne Maler über die Probleme ihrer Kreativität äußern. Im 2. Teil soll die Sprache der Kunstkritik zu wichtigen modernen Bildschöpfern erarbeitet werden. Der 3. Teil dient der Einführung in die Ansätze der kunstgeschichtlichen Erhellung des Aufbruchs der bildnerischen Avantgarde im 20. Jahrhundert und ihre Zerschlagung im Nationalsozialismus.

Mit moderner Kreativität auseinandersetzen

Zur weiteren Vertiefung in das Thema wird auf folgende Bücher hingewiesen:

W. Worringer: Entwicklunggeschichtliches zur modernen Kunst. Bochum 1982
J. Meier-Graefe: Entwicklungsgeschichte der modernen Kunst. München 1987, Bd. 1 u. 2
Funk Kolleg Kunst: Eine Geschichte der Kunst im Wandel ihrer Funktionen. München 1987, Bd. 1 u. 2

Die Einbeziehung von Bildern der zu besprechenden Künstler wird nahegelegt.

Lesetechniken:
SL
KreaL
SoL

Als kreative Lesetechniken im Kunstleseprojekt schlagen wir vor:

Schnelles Lesen,
kreatives Lesen,
sokratisches Lesen

Die Texte unseres Lesekurses sind abgedruckt in: **K. Piper, K. Staisch** (Hrsg.): Lust an der Kunst. München 1991

Kommen wir nun zu unseren drei Leseetappen:

Die Kreativität moderner Maler (Methode: schnelles Lesen)
P. Gauguin: Aus den Aufzeichnungen Noa Noa (S. 193-207)
V. v. Gogh: Das gelbe Haus und die Sonnenblumen (S. 208-217)
M. Beckmann: Briefe im Kriege (S. 181-185)

Die Sprache der Kunstkritik (Methode: sokratisches Lesen)
H. Keller: Vincent van Gogh. In der Provence (S. 57-65)
W. Schmied: Rene Magritte (S. 101-106)
R. Piper: Alfred Kubin (S. 86-95)

Moderne Malerei als Teil der Kunstgeschichte (Methode: kreatives Lesen)
P. Fechter: Der Expressionismus (S. 305-314)
W. Worringer: Entwicklungsgeschichtliches zur modernsten Kunst (S. 339-346)
E. Piper: Nationalsozialistische Kulturpolitik und ihre Profiteure. Das Beispiel München (S. 347-363)

5.2.6. Die Geheimnisse der Mathematik

Abstrakte Formelsprache studieren

Mathematische Texte werden in der Moderne immer komplizierter. Die mathematische Forschung hat im 20. Jahrhundert gewaltig expandiert. „*Neue Disziplinen entstanden, die ihre eigenen Formelsprache entwickelt haben. Ihre Ergebnisse werden in dieser Formalsprache mitgeteilt, und bei den vielfältigen Verzweigungen der mathematischen Wissenschaft ist es heute sogar auch einem sehr tüchtigen Mathematiker nicht mehr möglich, alle Veröffentlichungen seiner Wissenschaft zu verstehen... Um eine Arbeit über moderne Funktionsanalysis einem Gebildeten verständlich zu machen, müß-*

ten die Kommentare den Umfang von Lehrbüchern haben." (MESCHKOWSKI, H. (Hrsg.): Moderne Mathematik München 1991, S. 10). Unser Leseprojekt wird deshalb versuchen, einige elementare Texte zu erarbeiten, die nicht zu viele fremde Begriffe einführen. Allerdings umfaßt jeder mathematische Text sehr komplexe Information, so daß die Lesetechniken des übersetzenden Lesens und des rationellen Lesens (SQ3R) Vorrang haben. Trotzdem kommt es bei mathematischen Texten oft vor, daß nicht alle Einzelheiten des Textes verständlich werden. Das Auftreten von Verständnislücken in mathematischen Texten ist für den Nicht-Mathematiker unvermeidlich. Sind die Lücken aber nicht zu groß, macht das Lesen von mathematischen Texten immer Sinn. Zur Vertiefung des Themas ist es nötig auf folgende Bücher zu verweisen.

Lesemethoden: ÜL SQ3R

H. MESCHKOWSKI: Wandlungen des mathematischen Denkens. München 1985
H. MESCHKOWSKI: Mathematik, verständlich dargestellt. München 1990

Unserem Lesekurs liegt die Textsammlung **H. MESCHKOWSKI** (Hrsg.): Moderne Mathematik. München 1991 zugrunde.

Aus diesem Buch schlagen wir folgende Einführungstexte für unsere Lesegruppe vor:

Die Grundlagen der Geometrie (übersetzendes Lesen)
Die Elemente Euklids (S. 53-59)
Der Briefwechsel Hilbert-Frege (S. 76-80)

Mengenlehre (übersetzendes Lesen)
Die Probleme des Unendlichen (S. 103-108)
A. FRAENKEL: Das Axiomensystem ((S. 135-139))

Zahlen (rationelles Lesen)
Geschichte der Zahlen (S. 193-197)
G. FEIGEL: Vorbemerkung über reelle Zahlen (S. 217-119)

Analysis (rationelles Lesen)
Die Weierstrasssche Schule (S. 245-252)

Mathematik und Weltanschauung (rationelles Lesen)
Neutrale Mathematik ? (S. 495-503)

5.2.7. Moderne Naturwissenschaft

Neues Verhältnis Mensch-Natur

Die moderne Naturwissenschaft zeigt bisher ein doppeltes Gesicht. Sie wird durch ihre Entdeckungen und technischen und deren technischer Nutzung von vielen Studenten für die fundamentale Bedrohung des Menschen verantwortlich gemacht. Sie zieht zugleich die größten Hoffnungen auf sich, diese Bedrohungen beseitigen zu können. Nachdenken über Naturwissenschaft und Möglichkeiten der Entwicklung eines neuen Verhältnisses des Menschen zur Natur, sollen in unserem Lesekurs im Zentrum stehen.

Zur Vertiefung des Themas wird auf folgende Titel hingewiesen:
R. Riedl: Die Strategie der Genesis. München 1984
S. J. Gould: Der Daumen des Panda. Frankfurt 1989

Lesemethoden: ME RL KreaL

Als Lesestrategien können wir in diesem Projekt empfehlen:
- ME-Methode,
- rhetorisches Lesen,
- kreatives Lesen.

Wir stützen uns in diesem Kurs auf das Lesebuch: **H. Bohr, K. Piper**: Lust am Denken. München 1992

Unser Leseprojekt hat drei Abschnitte:
Forschen in den Naturwissenschaften (ME-Methode)
F. Crick: Wie macht man Entdeckungen in der Biologie (S. 15-22)
S. Weinberg: Warum ist Forschung so mühsam? (S. 87-94)

Der Begriff Natur (kreatives Lesen)
R. Dulbecco: Das Leben - ein Kartenhaus (S. 23-32)
H. Fritzsch: Eine Naturkonstante (S. 52-57)
J. Gribbin: „Viele Welten" und das Schicksal unseres Universums (S. 65-71)
B.-O. Köppers: Die Einheit der Natur (S. 80-81)

Umdenken in den Naturwissenschaften (rhetorisches Lesen)
A. Sacharow: Gute Physik ? (S. 375-381)
J. Schell: Gegen die neue zweifache Sterblichkeit des Lebens (S. 382- 387)
R. Verres: Zukunftsmusik: Forschung und Lebenskunst (S. 392-396)

5.2.8. Der Lebenslauf in der Antike

Innerhalb der Geschichtsforscher nimmt heute die Alltags- und Biographieforschung einen wichtigen Stellenwert ein. Die Erforschung von Lebensläufen wird zum wichtigen Thema. Durch E. H. Erikson kennen wir ein Modell des Lebenslaufes in modernen Gesellschaften. (Vgl. E. H. Erikson: Der vollständige Lebenszyklus. Frankfurt 1990) Allerdings wissen viele Studenten nicht viel über historische Lebenslaufmuster. Unser Lesekurs soll den Studenten mit griechischen, philosophischen Originalquellen des 5. und 4.Jahrhunderts vor Christus aus Athen konfrontieren, um ihn zur Auseinandersetzung mit historischen Lebenslaufstrukturen zu führen.

Archaische Lebenslaufmuster kennelernen

Wir stützen unser Leseprojekt auf: **R. Rilinger** (Hrsg.): Leben im antiken Griechenland. München 1990.

Als weiterführende Literatur wird empfohlen:
G. v. Reutern: Hellas. Ein Führer durch Griechenland aus antiken Quellenstücken. München 1969.
G. Thomson: Aischylos und Athen. Berlin 1985

Wichtige Lesetechniken für das Projekt sind:
- rhetorisches Lesen
- kreatives Lesen
- SQ3R

Lesemethoden:
RL
KreaL
SQ3R

Unser Lesekurs kann sich in folgende vier Abschnitte gliedern.

Kindheit (kreatives Lesen)
Aristoteles: Die Erziehung des Kindes in den ersten Lebensjahren (S. 84-86)
Platon: Schwierigkeiten der Jungenerziehung (S. 88-89)

Jüngeres Erwachsenenalter (rationelles Lesen)
Platon: Vernachlässigung von Eltern und Voreltern (S. 109-112)
Aristoteles: Über die Erziehungsgrundsätze (S. 119-131)

Älteres Erwachsenenalter: (rationelles Lesen)
Platon: Gesetz über Ehe, Haushalt, Kinderzeugung (S. 201-205)
Platon: Eheliche und -außereheliche Liebe (S. 229-234)

Alter und Tod (rhetorisches Lesen)
PLATON: Bericht über Sokrates Verhalten kurz vor seinem Tod (S. 333-335)
EPIKUR: Brief an Menoikeus (S. 335-340)

Reading and Writing across the Curriculum

Unsere acht Leseprojekte geben nur einige exemplarische Beispiele für die Programme von fachlichen und überfachlichen Lesegruppen an der Hochschule, die mit dem kreativen Lesen und Schreiben vertraut machen können. Die lange Reader-Tradition in den USA, die heute der Konzeption des „Reading and Writing across the Curriculum" verpflichtet ist. (Vgl. L. v. WERDER: Kreatives Schreiben in den Wissenschaften. Berlin 1992) vermittelt viele weitergehende Vorschläge für solche Lese und Schreibgruppen. Für deutsche Verhältnisse bieten neben dem Lesebuchprogramm des Piperverlages, das wir unseren Leseprojekten zugrunde legten, die „Arbeitstexte für den Unterricht" im Verlag Reclam Hilfe für Lesegruppen quer durch alle Wissenschaften. Dort lassen z. B. folgende preiswerte Titel finden, die sich gut für Lesegruppen eignen:

Weitere Leseprojekte

K.G. IMGENBERG (Hrsg.): Autobiographische Texte. Stuttgart 1990
H. PLECHITA .(Hrsg.): Erfindungsberichte. Stuttgart 1987
H. PLECHITA (Hrsg.): Entdeckungsberichte. Stuttgart 1988
W. SCHAFARSCHIK (Hrsg.): Herrschaft durch Sprache: Politische Reden. Stuttgart 1986
P. BEKES (Hrsg.): Mensch und Technik. Stuttgart 1992 usw.

6. Anstelle eines Nachwortes

6.1. Überblick über die kreativen Lesetechniken

Sehen wir uns zum Abschluß noch einmal alle Lesetechniken an:

Technik	**Phasen des Leseprozesses** **A Reproduktives Lesen**
1. Übersetzendes Lesen (ÜL)	1. Text lesen, 2. Fremdworte identifizieren, übersetzen, 3. Text in eigenen Worten wiedergeben.
2. Schnelles Lesen (SL)	1. Text schnell lesen, 2. Text langsam lesen 3. Ergebnisse vergleichen.
3. Traditionelles Lesen (ME)	1. Lesen: Markieren (M), 2. Lesen: Exzerpieren (E)
4. Rationelles Lesen (SQ3R)	1. Überblick (S), 2. Fragen (Q), 3. Lesen (Read) 4. Fragen beantworten (Recite), 5. Resultate überprüfen (Review)

Technik	Phasen des Leseprozesses
	B Produktives Lesen
5. Sokratisches Lesen (SoL)	1. 6 W-Fragen stellen (wer, was, wo, wann, wie, warum) 2. Lesen und Fragen beantworten, 3. Resultate des Lesens fixieren
6. Rhetorisches (RL)	1. Suchkategorien zur Person, zur Sache oder zur Gliederung auflisten. 2. Lesen und Kategòrienfunde notieren. 3. Leseresultate im eigenen Text fixieren
7. Kritisches Lesen (KriL)	1. Gesellschaftskritisches oder psychoanalytisches Vorverständnis vom Text klären 2. Text während des Lesens am Vorverständnis messen. 3. Resultate fixieren.
8. Kreatives Lesen (KreaL)	1. Lesevorbereitung mit Freewriting und Clustering 2. Lesen, um Ideen einzukreisen 3. Text mit Mind-Map, Strukturexzerpt erfassen 4. Resultate in literarischen Formen fixieren
9. Korrektur-Lesen (KorL)	1. Das Beste am Text identifizieren, den Rest wegschmeißen 2. Die besten Fragmente zu neuen Texten ausbauen

6.2. Wie kann man/frau mit diesem Buch arbeiten: Zehn Lesespiele

Große Lesereise: ①
Sie praktizieren die Lesetechniken des 4. Kapitels und bearbeiten die Leseprojekte des 5. Kapitels

Lücken füllen: ②
Fahnden Sie nach weiteren Lesetechniken in der Wissenschaftsgeschichte. Studieren Sie die Biographien großer Wissenschaftler. Lassen Sie sich dazu vom 1. Kapitel anregen.

Große Wissenschaftler erlesen: ③
Wählen Sie Ihren Lieblingswissenschaftler und erlesen Sie seine Schlüsseltexte mit den Lesetechniken des 4. Kapitels.

Thema erlesen: ④
Wählen Sie ein Lesethema. Erarbeiten Sie es mit unseren neun Lesetechniken des 4. Kapitels. Vergleichen Sie dann Ihre Leseresultate, die Ihre acht unterschiedlichen Leseprozesse erbracht haben.

Progressiv und regressiv ⑤
Die SQ3R-Lesetechnik führt in den manifesten, das kreative Lesen in den latenten Text ein. Die eine Technik wirkt psychisch progressiv, die andere regressiv. Probieren Sie beide Lesetechniken aus und vergleichen Sie Ihre Leseerfahrungen am selben Text

Lesegipfelerlebnisse: ⑥
Große Wissenschaftler berichten von Lesegipfelerlebnissen. Probieren Sie die Lesetechniken aus, von denen Sie im ersten Kapitel bei der Konfrontation mit diesen Erlebnissen etwas gehört haben.

Lesekrisen/Lesestörungen: ⑦
Auch das Lesen als kreativer Prozeß kann von Störungen geprägt werden. Probieren Sie die Störungshilfen des Lesens aus Kapitel 2.

⑧ **Lesen und Schreiben**

Wissenschaftliches Lesen ist die Basis des wissenschaftlichen Schreibens. Probieren Sie Quintillians Vorschläge zur Entwicklung des wissenschaftlichen Schreibens durch Lesen aus Kapitel 3.

⑨ **Lesebiographie:**

Lesen prägt Ihre wissenschaftliche Karriere. Beantworten Sie den Fragebogen zur Leseautobiographie aus Kapitel 3, um zu erleben ob Sie das Lesen als eine sehr wichtige kreative Forschungstechnik für sich schon optimal entwickelt haben.

⑩ **Vertiefung des kreativen Lesens**

Viele kreative Schreibtechniken lassen sich auch als Hilfen im Leseprozeß einsetzen. Lesen Sie Kapitel 4.4, S. 85-90 und bauen Sie dann Ihr Arsenal an kreativen Schreibtechniken durch das praktische Studium folgender Bücher aus: Werder, L.v.: Lehrbuch des wissenschaftlichen Schreibens. Schibri-Verlag Berlin/Milow 1993. Werder, L.v.:Kreatives Schreiben in den Wissenschaften. Schibri-Verlag Berlin/Milow 1992.

Literaturverzeichnis

Aebli, H.: Zwölf Grundformen des Lehrens. Stuttgart 1983

Anderson, J. R.: Kognitive Psychologie. Heidelberg 1991

Aristoteles: Rhetorik. München 1993

Ballstädt, S. P. u. a.: Texte verstehen - Texte gestalten. München 1981

Bamberger, R.: Leseerziehung. Wien 1973

Bartholomae, D.; Petrosky A. R.: Facts, Artifacts and Counter-Facts. Portsmouth 1986

Baumgartner, A. C.; Dahrendorf, M. (Hrsg.): Zurück zum Literaturunterricht? Braunschweig 1977

Blum, J. u.a.: A Guide to the Whole Writing Process. Boston 1988

Blumenberg, H.: Die Lesbarkeit der Welt. Frankfurt 1986

Blumenberg, H.: Höhlenausgänge. Frankfurt 1989

Bodenheimer, A. R.: Warum? Von der Obszönität des Fragens. Stuttgart 1992

Böhmer, O. A.: Sternstunden der Philosophie. München 1994

Cleland, D. L.: A Construct of Comprehension. In: *Dowson, M. A.* (Hrsg.): Developing Comprehension Including Critical Reading. Newark 1968

Eco, U.: Wie man eine wissenschaftliche Abschlußarbeit schreibt. Heidelberg 1991

Fench, T.: Writing Solutions. Hillsdale 1989

Fluck, H. R.: Fachsprachen. Tübingen 1991

Goody, I.; Watt, I.; Gough, K.: Entstehung und Folgen der Schriftkultur. Frankfurt 1986

Göttert, U. H.: Einführung in die Rhetorik. München 1991

Groeben, N.: Leserpsychologie: Textverständnis - Textverständlichkeit. Münster 1982

Groeben, N.: Literaturpsychologie. Stuttgart 1972

Groeben, N.; Vorderer, P.: Leserpsychologie: Lesemotivation - Lektürewirkung. Münster 1988

Harris, A. J.: How to Increase Reading Ability. New York 1970

Havelock, E. A.: Als die Muse schreiben lernte. Frankfurt 1992

Hülshoff, F.; Kaldewy, R.: Training: Rationeller Lernen und Arbeiten. Stuttgart 1990

Junne, G.: Kritisches Studium der Sozialwissenschaften. Stuttgart 1993

Krämer, W.: Wie schreibe ich eine Seminar-, Examens- und Diplomarbeit. Stuttgart 1992

Lehmann, R.H. u.a.: Leseverständnis und Lesegewohnheit deutscher Schüler und Schülerinnen. Weinheim 1993

Man, P. de: Allegorien des Lesens. Frankfurt 1988

Meinberger, G. K.: Rhetorica I. Stuttgart 1987

Morrau, M. G.; Lundsford, R. F. (Hrsg.): Research in Composition and Rhetoric. Westport 1984

Murray, D. M: The Craft of Revision. Fort Worth 1991

Parsons, L.: Response Journals. Portsmouth 1990

Pearlmann, D. P.; Pearlmann, P. R.: Guide to Rapid Revision. New York 1993

Quintilian: Institutio oratoria X. Stuttgart 1990

Robinson, H. A.: Effective Study. New York 1961

Staiger, E.: Die Kunst der Interpretation. Zürich 1955

Stiftung Lesen (Hrsg.): Lesen im internationel Vergleich. Weinheim 1993

Theisen, M. R.: Wissenschaftliches Arbeiten. München 1992

Thomas, E. L.; Robinson, H. A.: Improving Reading in Every Class. Boston 1973

Ueding, G.: Rhetorik des Schreibens. Königstein 1985

Vogel, L; Lehmann, J.: Fundamentals of College Reading. Engelwood Cliffs 1993

Werder, L. v.: Kreatives Schreiben in den Wissenschaften. Milow, Berlin 1992

Werder, L. v.: Lehrbuch des kreativen Schreibens. Milow, Berlin 1993

Werder, L. v.: Lehrbuch des wissenschaftlichen Schreibens. Milow, Berlin 1993

Werneck, T.; Ullmann, F.: Dynamisches Lesen. München 1993

Zielke, W.: Handbuch der Lern-, Denk- und Arbeitstechniken. Windlach 1991

Zielke, W.: Schneller lesen, intensiver lesen, besser behalten. München 1991

Quellenverzeichnis

Schweißen am Schild (S. 41f.). Aus: Der Spiegel, 1993, Nr. 36, S. 256

Ladys first (S. 43f). Aus: Stern, Nr. 37, v. 9.9.1993, S. 42

Wir verwerfen die Homöopathie als Irrlehre (S. 53ff.). Aus: PSYCHOLOGIE HEUTE, Sept. 1993, H. 9, S. 46

Alzheimer: Der Kampf gegen das Killereiweiß (S. 57ff.). Aus: Stern, Nr. 38, v. 14.9.1993, S. 148f.

Licht aus – Spot an. Lampen helfen gegen Stimmungstiefs (S. 61f.). Aus: TAZ, v. 12.9.1993, S. 19

Vorholz, F.: Eine Hoffnung zerbröselt (S. 63ff.). Aus: DIE ZEIT, Nr. 38, v. 17.9.1993, S. 35

Johan Jørgen Holst (S. 68f.). Aus: TAZ, v. 13.9.1993, S. 11

Wiesendanger, H.: „Astralreise“ im Krankenhaus (S. 70ff.). Aus: PSYCHOLOGIE HEUTE, Sept. 1993, H. 9, S. 17f.

Gespenstische Bettgeschichten (S. 73f.). Aus: DIE ZEIT, Nr. 38, v. 10.9.1993, S. 45

Falsches Spiel mit echten Steinen (S. 74). Aus: DIE ZEIT, Nr. 38, v. 10.9.1993, S. 45

Clevere Krankheitserreger (S. 74). Aus: DIE ZEIT, Nr. 38, v. 10.9.1993, S. 45

Steeger, O.: Die Macht der männlichen Steinzeitseele (S. 77ff.). Aus: PSYCHOLOGIE HEUTE, Sept. 1993, H. 9, S. 76f.

Aktion Gemeinsinn (S. 82f.). Aus: Der Spiegel, 1993, Nr. 37, S. 229f.

Kein Ergebnis oder kein Effekt? (S. 91) Aus: DIE ZEIT, Nr. 38, v. 17.9.1993, S. 53

Evolution im Eiltempo (S. 91). Aus: DIE ZEIT, Nr. 38, v. 17.9.1993, S. 53

Transgener Mais auf der Reise (S. 91f.). Aus: DIE ZEIT, Nr. 38, v. 17.9.1993, S. 53

Index

U

V

W

Z

Kreatives Schreiben in den Wissenschaften

Lutz von Werder

ISBN 3-928878-00-x
190 S.
19,80 DM
1992

Zum Buch:

Ein Buch, das nicht nur, aber auch für die Anwendung in letzter Sekunde geeignet ist, die Schreibqualifikation auszubauen und neue Ideen für das Thema zu entwickeln. Kreative Schreibtechniken, wie das Free-Writing, das Clustering, das Brainwriting, das Mind-Mapping und „Make A Tree" helfen Diplom, Examens- oder Doktorarbeiten zu verfassen, wieder in Gang zu bringen oder zu vollenden. In weiteren praxisnahen Techniken, Methoden und anschaulichen Graphiken werden nutzbringende Anregungen vom Autor gegeben. Im Kapitel 4 werden für die Fächer: Geschichte, Psychologie, Biologie, Soziologie, Erdkunde, Politologie, Mathematik und Pädagogik konkrete Curricula für das Kreative Schreiben im jeweiligen Fach angeboten. Fächerübergreifend wird eine interdisziplinäre Schreibwerkstatt vorgestellt, die die interessante Möglichkeit der Kommunikation zwischen den Fächern bietet.

Zielgruppe:

Hochschul- und Universitätsangehörige:
Professoren
Assistenten
Lehrbeauftragte
Studenten

Zum Autor

Professor Dr. Lutz von Werder ist Hochschullehrer für Sozialisationsforschung und Leiter des Hochschuldidaktischen Zentrums an der Alice-Salomon-Fachhochschule für Sozialpädagogik und Sozialarbeit in Berlin.

Kreative Wissenschaft

SCHIBRI-VERLAG
Dorfstraße 60
17337 Milow
Tel. 039753/22757
Fax 039753/22757

Lutz von Werder
Claus Mischon
Barbara Schulte-Steinecke

KREATIVE LITERATURGESCHICHTE

Kreative Literaturgeschichte

Lutz von Werder
Claus Mischon
Barbara Schulte-Steinicke

ISBN 3-928878-01-8
336 S.
35,- DM
1992

Zum Buch:

Die kreative Literaturgeschichte zeigt das Leben der Literatur. Sie präsentiert die Geschichten der Schreibtechniken. Sie enthält die Entwicklung der Produktionsgeheimnisse der Literatur. Sie stellt Übungen aus vielen Epochen der Literatur vor. Sie lädt zur Reise in die moderne und archaische Poesie ein.
Es ist ein Hand- und Praxisbuch der neuen deutschen Schreibbewegung Es eignet sich für Schule, Hochschule, Alltagskultur, Atelier und Labor. Das Buch bietet Literatur als Erlebnis – als Erlebnis der Archaik und der großen Schreibmeister des 18., 19. und 20. Jahrhunderts. Die kreative Literaturgeschichte führt zur kreativen Arbeit in der magischen Poesie, der Klassik, der Romantik, dem Naturalismus, Expressionimus, Surrealismus und Manierismus

Zu den Autoren:

Prof. Dr. Lutz von Werder, Claus Mischon (M.A.) und Dipl. psych. Barbara Schulte-Steinicke sind Mitarbeiter an der Alice-Salomon-Fachhochschule für Sozialarbeit und Sozialpädagogik Berlin und am Institut für kreatives Schreiben.

Zielgruppe:

Hochschul- und Universitätsangehörige:
Professoren
Assistenten
Lehrbeauftragte
Studenten

Schüler
Lehrer

Kreative Wissenschaft

SCHIBRI-VERLAG
Dorfstraße 60
17337 Milow
Tel. 039753/22757
Fax 039753/22757

INNOVATIVE HOCHSCHULDIDAKTIK

Band 1
Christian Bein / Andreas von Hillner
Warming-Up-Spiele für Hochschulseminare

Band 2
Barbara Schulte-Steinicke
Meditation als Schreibhilfe

Band 3
Christian Bein / Andreas von Hillner
Schreibstörungen, ihre Pädagogik und Therapie

Band 4
Lutz von Werder
Übungen zur klientenzentrierten Gesprächsführung

Band 5
Thomas Rehork
Kreatives Schreiben

Band 6
Lutz von Werder
Der integrative Ansatz im kreativen Schreiben

Band 7
Lutz von Werder
Umrisse einer Berliner Fachhochschul-Didaktik

Band 8
Barbara Schulte-Steinicke
Autogenes Training für Studenten

Band 9
Gerd Koch
Die Methode „Zukunftswerkstatt“ in der Sozialpädagogik

Lutz von Werder

Lehrbuch des wissenschaftlichen Schreibens

ISBN 3-928878-04-2, 464 S., 1993, **39,80 DM**

- Das Lehrbuch ist für **Studenten, Hochschullehrer, Wissenschaftler, Studienberater** und wissenschaftliche **Schreibpädagogen** gedacht.
- Das Lehrbuch des wissenschaftlichen Schreibens will als **erstes deutsches Buch dieser Art** das wissenschaftliche Schreiben lehren.
- Das Lehrbuch stellt im Teil A die **Formen und Techniken des wissenschaftlichen Schreibens** an Hochschulen und Universitäten vor und enthüllt die **Schreibgeheimnisse großer Wissenschaftler**.
- Im Teil B werden **14 Schreibprojekte** mit **vielen Schreibübungen** präsentiert, die den Studenten das **Verfassen einfachster bis komplexester wissenschaftlicher Texte** ermöglichen können.
- Im Teil C werden Aspekte einer **Pädagogik und didaktische Modelle des wissenschaftlichen Schreibens** für Schreibgruppen und Einzelne entwickelt.
- Das Lehrbuch verarbeitet nicht nur die deutschsprachige Literatur zu den „Techniken des wissenschaftlichen Arbeitens" auf, sondern auch die umfassende **internationale Schreibforschung** und **Schreibdidaktik.**

SCHIBRI VERLAG

Dorfstr. 60 • 17337 Milow
☎ 039753/22757